협상천재가 된 홍대리

절절매지 않고 당당하게
원하는 것을 얻는 기술

김성형 지음

다산
라이프

Contents

4장 위기를 뛰어넘는 5단계 대처법

프롤로그

협상의 목적은 이기는 것이 아니다!

10년 넘게 올바른 협상 문화를 전파하기 위해 협상 훈련과 컨설팅을 해오면서 다양한 분야에 걸쳐 수많은 리더를 만났다. 벤처 및 대기업을 아우른 국내 기업을 비롯해 외국계 기업, 공직 사회, 정부기관 산하 단체, NPO, 방송국, 교육기관 등등. 그리고 그들 중 상당수가 여전히 협상에 대해 편견이나 부정적 고정관념을 가지고 있다는 데 놀라지 않을 수 없었다. 그들은 업무에서뿐만 아니라 가족이나 친구들과의 사이에서 벌어지는 일상에서도 매일 같이 알게 모르게 협상을 하면서 "협상은 아무나 하는 것이 아니다. 협상을 위해서는 대단한 기술이 필요하다"고 생각했다. 심지어 자기는 훌륭한 협상가가 될 수 있는 사람이 아니라고 지레 단정 짓기도 했다.

이처럼 협상에 대해 두려움과 편견을 가진 이들이 자기가 원

6

하는 것을 얻기 위해 주로 취하는 방식은 바로 '설득'이다. 설득은 자기 것은 주지 않고 일방적으로 받으려고만 하는 것으로 사실상 강요와 다름없다. 하지만 사람들은 생각만큼 쉽게 설득 당하지 않을뿐더러 혹 그렇게 된다 하더라도 설득에 넘어간 당사자는 기분이 상하게 마련이다. 자기만 손해를 보는 느낌이 들기 때문이다. 설득의 논리가 제아무리 정연하다 해도 기분이 상하는 것은 마찬가지다. 아니, 그럴수록 패배감까지 겹쳐 더 화가 난다. 요컨대 설득은 당장 원하는 것을 얻게 해줄 수 있을지 모르나 그런 관계가 우호적으로 지속될 리 없다. 게다가 원하는 것을 얻기는커녕 서로 감정만 악화되는 최악의 상황이 벌어지기도 한다. 또 여차저차 해서 원하는 것을 얻었다 해도 결국 얻어낸 것보다 더 큰 희생을 치르게 되는 경우도 있다. 그리고 그런 부정적 경험들이 쌓이다 보면 설득하려는 시도조차 차일피일 미루거나 아예 포기하기도 한다.

'협상'은 설득과는 전혀 다른 차원의 방식이다. 많은 사람이 협상과 설득을 혼동하지만 앞서 이야기한 바와 같이 설득이 나만 일방적으로 받으려는 방식인 데 반해 협상은 서로 주고받는 이른바 '기브 앤드 테이크'의 방식이다. 이때 서로가 주고받는 것은 뭔가 눈에 보이는 실물일수도 있고, 만족감이나 친밀감 같은 무형의 것일 수도 있다. 그렇게 서로가 원하는 것을 얻는 관계는 우호적으로 발전해나갈 수 있다. 단, 이러한 관계에 반드시 전제되어야 하는 것이 있다. 그것은 바로 서로간의 신뢰다. 실전 협상에서 꼼수와 잔기술은 결코 통하지 않는다. 협상은 신뢰를 바탕으로 양측이 최대의 만족을 얻기 위해 이해를 조율해나가는 과정이다.

나는 오랜 기간의 실전 경험과 사례 연구를 통해 왜 우리 사회에서 특히 협상이 힘든지, 우리나라 사람들의 특징이 무엇인지, 이를 고려했을 때 어떻게 하면 협상을 성공적으로 이끌 수 있는지 밝혀냈고 이를 한 편의 소설에 고스란히 담아냈다. 이 책을 읽는 독자들은 협상에 대한 올바른 개념을 정립해 자신이 원하는 것을 얻기 위해서는 상대방과 어떻게 관계를 맺어야 하는지에 대해 선명한 답을 얻을 수 있을 것이다. 그리고 협상력을 쌓는 것만으로 얼마나 삶이 보다 풍요롭고 행복해질 수 있는지 깨닫게 될 것이다.

지금껏 내가 올바른 협상 문화를 전파하는 데 물심양면으로 도움을 주신 분이 참 많다. 그분들을 일일이 소개할 수는 없지만 이 기회를 빌려 꼭 감사의 말씀을 전하고 싶다. 이화리더십개발원 함인희 원장님은 NPO 및 정부 각 부처의 리더들, 여성 기업가들을 비롯해 저소득층 자녀들과 대학생들에게 협상 리더십을 확산하는 데 많은 지원을 해주셨다. 특히, 많은 시간, 노력, 비용이 불가피함에도 대학생을 위한 이화협상리더십아카데미 설립을 결정해주신 데 대해 다시 한 번 감사드린다. 이화

리더십개발원의 고예란 선생님, 김새롬 선생님, 이혜련 선생님, 홍은주 선생님, 황새롬 선생님, 그리고 조교들과 제자들에도 감사의 마음을 전한다. 많은 사례를 수집하고 분석해준 서울대학교 학생벤처네트워크 학생들, 바쁜 일정 속에서도 많은 지원을 해주신 정세현 전통일부장관님, 법무법인 세종의 박진원 미국변호사님, 한국양성평등진흥원 문숙경 원장님, 이대 국제대학원 남영숙 교수님, 외교통상부의 외교관인 김일훈 비서관, 외교안보연구원 전봉근 교수님, 협상 안건을 놓고 함께 고민했던 수많은 CEO들, 그리고 한국협상아카데미의 파트너 선생님들과 팀원들에게도 진심으로 감사드린다. 특히 한국협상아카데미의 파트너이자 메디칼리더십아카데미 대표 이수진 원장님과 함께 의료 분야 협상 리더십과 관련된 강연과 컨설팅을 진행해온 지난 5년은 참으로 행복한 시간이었다. 또 내게 훈련받은 수많은 리더와 협상 리더십에 대해 함께 고민해온 CEO들이 보내준 따뜻한 지지와 성원을 통해 나는 연구를 계속할 수 있는 에너지를 얻었다. 이는 내게 크나큰 행운이었다.

마지막으로 바쁜 스케줄 때문에 많은 시간을 함께하지 못한 사랑하는 아내와 두 딸 진하, 민영이에게 사랑하는 마음을 전한다.

목동 연구소에서 김성형

홍풍호

실적 부진으로 고전 중인 제약회사 영업사원. 밝고 낙천적인 성격 때문에 '허풍선'이라는 별명을 갖고 있기는 해도 매사에 최선을 다하는 성실한 인물. 그간 소규모 개인병원들만 담당하다 선배 직원의 퇴사로 대학병원을 맡을 수 있는 기회가 주어지지만 단서가 하나 붙는다. 그것은 바로 회사에서 새로 개발한 제품을 입성시키는 것! 하지만 하필이면 이전에 불화가 있었던 개인병원 원장이 그 대학병원에 영입되면서 큰 위기를 맞는다.

백기찬

유수의 기업들을 대상으로 협상 자문과 훈련을 해오다 서광약품 교육 담당 이사로 스카우트된 국내 최고의 협상 전문가. 적극적으로 도움을 요청하는 홍 대리의 열의에 감화되어 실전 협상의 기본 원리와 노하우를 성심껏 가르쳐준다.

김치독

개인병원을 직접 운영하다 홍 대리가 새로 담당하게
된 대학병원의 순환기내과 과장으로 영입된다. 과거
의 불화로 인해 홍 대리에게 감정을 가지고 있는 그는
홍 대리가 신제품 약을 입성시키는 데 있어 반드시 넘
어야 할 산이다.

도도해

서광약품의 간판 미인 사원이자 홍 대리가 몰래 사내
연애 중인 여자친구. 오랜 연애 기간에도 불구하고 홍
대리가 프러포즈를 하지 않자 경쟁업체 직원인 나잘난
대리에게 한눈을 파는 등 마음이 흔들린다.

나잘난

서광약품의 경쟁사인 다국적 제약회사 미라클제약의
영업사원. 홍 대리가 맡게 된 대학병원 영업 담당자로
서 가뜩이나 홍 대리와 경쟁 관계인 판국에 홍 대리의
여자친구인 도도해에게 접근하기 시작하면서 그야말
로 홍 대리의 숙적이 된다.

1장

협상의 기본은
기브 앤드 테이크

설득이 아니라 협상을 하라

"원장님, 저 또 왔습니다."

홍풍호 대리의 힘찬 목소리가 가라앉아 있던 원장실의 공기를 휘저으며 울렸다. 홍 대리는 국내 유수의 제약회사인 서광약품의 MR이다. MR(Medical Representative)이란 의사들에게 자사 의약품에 대한 정보를 제공하여 처방에 쓰이도록 유도하는 의약품 정보담당자다.

밝게 인사를 건네는 홍 대리와 달리 김 내과 김치독 원장은 무표정하기 그지없었다. 홍 대리를 힐끗 보는 둥 마는 둥 하더니 이내 책상 위의 차트로 시선을 되돌렸다. 미간을 살짝 찌푸리며 노골적으로 반갑지 않은 내색을 하기도 했다. 이를 모를리 없지만 홍 대리는 개의치 않고 의자를 끌어당겨 김 원장의 책상 앞에 앉으면서 며칠 전 이야기를 이어갔다.

"그때 드린 저희 회사 의약품 브로슈어는 좀 보셨어요? 김 내과를 찾는 환자군을 고려할 때, 우선 고혈압 치료제와 울혈성 심부전 치료제를 적극 권해드리고 싶습니다. 특히 모든 임상 과정을 마친 이번 고혈압 치료제는…….."

홍 대리는 좋다는 건지 싫다는 건지 아예 대꾸조차 없는 김 원장의 얼굴을 향해 설명을 이어갔다.

김 내과는 대부분 고만고만한 거래처들에 비해 분명 탐나는 곳이었다. 서울 변두리라 거래처를 아무리 여럿 두어도 몸만 고달플 뿐 월말이나 분기에 실적을 결산해 보면 그야말로 초라하기 그지없었다. 그런데 김 내과는 유동인구가 많은 목 좋은 곳에 개업한 데다 김 원장의 실력이 알려지면서 환자가 부쩍 늘어 발 디딜 틈이 없었다. 홍 대리는 MR 5년 차임에도 아직까지 서울 중심지로 입성하지 못하고 있었다. 같이 입사한 동기들은 대부분 떨어져나가고 딱 셋 남았는데 가장 잘나가는 최우영 대리가 일찌감치 자리를 잡은 데 비해 홍 대리는 입사 초나 지금이나 상황이 크게 달라진 것이 없었다. 하지만 여기서 보란 듯이 성공하고야 말겠다는 홍 대리의 결심은 단 한 번도 흐트러진 적이 없었다.

그동안 규모가 작고 손이 많이 가는 구멍가게 수준의 의원들 치다꺼리를 하느라 역전의 계기를 마련하지 못했다는 점도 홍 대리의 불운 중 하나였다. 그런 홍 대리에게 개업하자마자 문전성시를 이룬 김 내과의 등장은 도약의 발판이 될 것으로 여겨졌다. 그래서 탐사 기간도 짧게 잡고 경쟁사보다 빨리 안면을 익히고는 몇 달째 끈질기게 방문하고 있었다.

그런데 어쩐 일인지 김 원장은 유독 홍 대리네 회사의 약품을 처방하길 꺼렸다. 신약 샘플이 나올 때마다 제일 먼저 공급하고, 이틀이 멀다 하고 찾아와 얼굴을 비쳤지만 처음 만났을 때부터 굳어 있던 표정은 지금껏 여전했다.

오늘만은 홍 대리도 쉬 물러서지 않을 작정이었다. 아침부터 팀장인 양태만 부장으로부터 요즘 실적이 형편없다는 꾸지람을 들은 터였다. 고참 대리가 돼가지고 부끄럽지도 않냐는 얘기까지 들었다. 울컥하는 심사는 있지만 사실 가장 답답한 건 홍 대리 자신이었다. 그래서 어떤 식으로든 오늘은 결론을 내겠다고 마음을 굳게 먹고 찾아왔다.

김 원장이 별 반응이 없자 그는 잠시 말을 끊고 원장실을 휘둘러보았다. 그의 눈에 골프 연습장에서 받은 듯한 트로피가 들어왔다.

"원장님, 골프 실력이 대단하신 모양입니다?"

그 말에 반응을 보이며 김 원장이 트로피 쪽으로 힐끗 시선을 주었다.

"아, 저거? 어쩌다 운 좋게 싱글 한 번 쳤지."

"운이라뇨? 싱글이 어디 운으로 됩니까? 아마추어가 싱글을 치려면 육체적으로나 정신적으로나 상당한 경지에 올라야 한다던데요."

골프를 치듯 양팔을 붕붕 휘두르며 홍 대리가 말을 이었다.

"결국 원장님은 힘과 절제력을 겸비한 진정한 골프 마니아란 뜻이죠. 안 그렇습니까?"

"홍 대리, 자네 골프 좀 치는 모양이군?"

골프 얘기가 나오니 입이 열리는구나 생각하며 홍 대리는 대답했다.

"예? 골프채 잡아 본 적도 없는데요."

뒤통수를 긁적이며 쑥스럽게 웃는 홍 대리를 김 원장이 어이가 없다는 듯이 바라봤다.

"하지만 골프는 그야말로 성공을 꿈꾸는 남자들의 로망 아니겠습니까. 저도 언젠가는 꼭 배우고 싶습니다."

모처럼 트인 물꼬가 다시 막힐까 봐 홍 대리는 골프 예찬론을 펼치기 시작했다. 그것은 김 원장을 예찬하는 것임에 다름없었다. 입에 발린 이야기라는 게 뻔했지만 그래도 김 원장은 싫지만은 않은 표정이었다. 이런 식으로 친근감을 쌓아가며 의사 선생들에게 접근하는 것이야말로 홍 대리의 장기이자 영업 노하우였다.

김 원장의 표정이 풀린 순간을 놓치지 않고 홍 대리가 재빨

리 말했다.

"원장님, 이 홍 대리를 믿고 한 번만 밀어주십시오."

잠시 생각하던 김 원장이 마침내 고개를 끄덕였다.

"좋아, 그럼 프레젠테이션이나 한번 들어 보지."

순간 홍 대리는 너무 기쁜 나머지 환호성이라도 지를 뻔했다. 실로 오랜 노력 끝에 긍정적인 대답을 끌어낸 셈이었다.

"감사합니다, 원장님. 확실히 준비해서 며칠 내로 방문 드리겠습니다."

몇 번이나 인사를 하고 홍 대리는 원장실을 나왔다.

밖으로 나오니 거리에는 초여름 햇살이 쏟아지는 가운데 가벼운 옷차림의 사람들이 경쾌하게 거리를 활보하고 있었다. 어디선가 소금기를 머금은 바람 한 줄기가 불어왔다. 이제 곧 사람들은 옷장 깊숙이 넣어두었던 수영복을 꺼내 입고 여름 해변을 향해 달려갈 것이다.

"그래, 바로 이 맛에 일하는 거지."

홍 대리의 발걸음은 여름 해변을 거니는 것처럼 가벼웠다.

"좋은 오후! 모두 수고하셨습니다!"

병원영업부는 강남 테헤란로에 있는 서광약품 빌딩의 6층을 통째로 쓰고 있었다. 홍 대리가 사무실에 들어서며 기세 좋게 외치자 팀원들이 깜짝 놀라 일제히 고개를 들었다. 열대여섯 개쯤 되는 책상이 다닥다닥 붙은 사무실에서 각자 하루 일과를 정리하던 중이었으므로 갑작스러운 큰 소리에 불이라도 났나 싶었던 것이다. 그중 몇몇이 도끼눈을 뜨고 홍 대리를 째려보았지만 그는 콧노래를 부르며 자기 자리를 향해 힘차게 걸어갔다.

"어머, 홍 대리님. 오늘 실적이 좋으신 모양이에요?"

내근직인 도도해의 책상 옆을 스쳐 지날 때 그녀가 한쪽 눈을 찡긋하며 말을 걸었다.

"당근이쥐! 영업 하면 이 홍 대리 아니겠어?"

홍 대리가 엄지손가락으로 제 얼굴을 가리키며 역시 한쪽 눈을 찡긋했다.

다른 팀원들에겐 비밀이지만 두 사람은 3년째 연애 중이었다. 도해는 까무잡잡한 피부에 도발적인 눈매가 매력적이라 서광약품의 안젤리나 졸리로 불렸다. 마음 씀씀이도 예뻐서 수많은 남자가 대시를 했을 게 분명한데 왜 자기처럼 평범한 남자를 택했는지 그로서도 늘 궁금했다. 거의 비슷한 시기에 입사해 사내 봉사동아리에서 함께 활동을 해왔는데, 그때 급속히 가까워지면서 연인으로 발전했다.

봉사동아리에선 주로 고아원이나 양로원을 찾아 무료급식을 돕거나 움직임이 자유롭지 못한 노인들 목욕을 시켜드리는 등의 활동을 했다. 홍 대리는 어려서 아버지가 돌아가신 후 홀어머니와 외롭게 살아왔음에도 성격이 붙임성 있고 서글서글했다. 그래서 누구보다 봉사 활동에 열심이었다. 고아원의 어린 친구들이나 양로원의 외로운 노인들을 모두 자기 동생이나 부모처럼 대했다.

어느 주말, 양로원에서 직접 점심을 만들어 노인들에게 대접하고 있을 때였다. 그런데 맛있게 식사를 하던 할아버지 한 분이 갑자기 목을 붙잡고 컥컥거리더니 얼굴색까지 파래지며 쓰러지는 사고가 발생했다. 모두 어찌할 바를 모르고 발만 동동 구르는데, 그가 달려들어 목에 걸린 음식물 찌꺼기를 끄집어내고 인공호흡까지 해서 가까스로 회복을 시켰다. 구급차에 노인을 실어 보내고 이마의 땀을 닦는 그에게 도해가 다가와 등을 툭 치며 "홍 대리님, 제법 멋져요"라고 말했고 이후 두 사람은 연인 관계로 발전했다.

자리에 앉은 홍 대리가 다른 팀원들 몰래 도해와 은근한 눈빛을 주고받고 있을 때 갑자기 양 부장의 성난 고함소리가 들려왔다.

"야, 허풍선!"

순간 홍 대리는 기분이 팍 상하고 말았다. 고개를 돌려 보니 양 부장이 오만상을 찌푸린 채 다가오고 있었다. 병원영업부의 시아버지란 별명답게 원래 꼬장꼬장한 인상이 오늘은 특히 더

구겨져 있다.

'저렇게 신경질적이니 비쩍 마를 수밖에.'

양 부장을 바라보는 홍 대리의 눈매도 곱지만은 않았다. 양 부장은 자신에게 '허풍선'이라는 썩 자랑스럽지 못한 별명을 붙여준 장본인이기도 했다. 랜딩 실적은 형편없는 주제에 말만 번지르르하다는 것이었다. 랜딩이란 MR이 영업 활동을 통해 담당 병원이 자사 의약품을 처방하도록 만드는 것을 가리키는 업계 용어다. 어쨌든 홍 대리는 그 별명이 너무나 싫었다.

홍 대리 쪽으로 다가온 양 부장이 눈을 부라리며 물었다.

"요즘 구역 관리가 영 엉망이야. 자네가 관리하는 병원 중 우리 약품이 랜딩된 병원이 50퍼센트도 안 되잖아."

또 어딜 다녀왔는지 오전에 하던 잔소리가 이어졌다.

"걱정 마십시오. 곧 100퍼센트 랜딩시킬 테니."

"또, 또 허풍! 그러니까 사람들이 자넬 허풍선이라고 부르는 거야."

"그야 부장님이 매일 그렇게 부르시니까 그렇죠."

억울하다는 표정으로 항변하는 홍 대리의 가슴을 손가락으로 쿡쿡 찌르며 양 부장이 으르렁거렸다.

"자네가 일만 똑바로 해 봐. 매일 업고 다닌다, 업고 다녀."

도해가 빤히 보고 있는 판에 체면이 말이 아니었다. 그는 양 부장을 향해 가슴을 쭉 펴며 당당하게 말했다.

"김치독 내과 아시죠?"

"알지. 자네 구역에선 그래도 제일 알짜잖아."

"김 원장님이 우리 약품 랜딩시켜주기로 약속했습니다."

"그게 정말이야?"

"제가 부장님께 거짓말하겠습니까?"

"이야, 홍 대리 제법인데. 드디어 한 건 했구나!"

표정이 돌변한 양 부장이 등을 토닥거리자 도해 앞에서 조금은 체면이 선 것 같아 우쭐해졌다. 프레젠테이션을 듣겠다고 했으니 랜딩은 따놓은 당상이었다.

"두고 보십시오. 부장님이 절 업고 다니실 날도 머지않았습니다."

"제발 그런 날이 빨리 좀 왔으면 좋겠다."

양 부장이 사라지자마자 홍 대리는 맹렬한 기세로 프레젠테이션 자료를 수집하기 시작했다. 이번만큼은 뭔가 보여주자는 생각이었다. 저쪽에서 자신을 향해 곱게 웃는 도해를 보며 전의를 불태우는 홍 대리였다.

"홍 대리, 미안하지만 프레젠테이션은 취소해야겠어."

며칠 후, 약속한 날에 김 내과를 방문한 홍 대리는 지극히 사무적으로 통고하는 김 원장을 보며 큰 충격을 받았다. 그의 어깨에는 지난 며칠간 힘들게 준비한 프레젠테이션 자료가 고스란히 담긴 노트북이 메여 있었다.

새삼 그 무게감을 느끼며 홍 대리가 사정조로 말했다.

"그러지 말고 한번 들어 보시죠, 원장님. 정말 열심히 준비했거든요."

"미안하게 됐어. 하지만 갑자기 사정이 생겨서 어쩔 수가 없구먼."

말로만 미안하다고 할 뿐 내가 싫다면 그만이지 네가 별수 있냐는 투였다. 은근히 치미는 부아를 억누르며 홍 대리가 다시 사정했다.

"지난 며칠간 밤잠을 설쳐가며 준비했습니다. 프레젠테이션이라도 하게 해주십시오."

"글쎄, 그게 필요 없게 됐다니까."

"어느 테이블에서 할까요? 제가 금방 설치해서 저희 약품들에 대해 설명을……."

"됐으니 그만 나가 보래도!"

김 원장이 짜증이 가득 담긴 목소리로 홍 대리의 말을 잘랐다. 홍 대리는 멍한 눈으로 김 원장의 잔뜩 찌푸린 얼굴을 바라보았다. 적반하장도 유분수라는 생각이 언뜻 들었지만 갑과 을의 관계에서 갑이 화가 났으니 어떻게든 수습을 해야 하는 상황이었다. 하지만 지금은 스스로의 화를 참는 것만으로도 벅찼다. 아무리 의사 선생이라지만 너무한다는 생각을 지울 수가 없었다. 사전에 연락을 해줬어야지, 아니면 왜 그런지 설명이라도 해주든가.

'병원이 여기 한 곳뿐이냐?'

결국 찬바람을 일으키며 돌아선 홍 대리는 원장실 문을 벌컥 열고 나가버렸다.

– 쾅!

요란하게 닫히는 방문을 보며 김 원장이 나직이 내뱉었다.

"저런 버릇없는 놈……!"

어깨를 축 늘어뜨리고 회사로 돌아온 홍 대리를 양 부장이 자기 자리로 불렀다.

널찍한 책상에 양 팔을 괴고 앉은 양 부장은 엉거주춤 서 있는 홍 대리를 기대 반 의심 반의 표정으로 올려다보았다.

"김 내과 프레젠테이션, 어떻게 됐어?"

순간 홍 대리는 뜨끔했지만 거짓말을 할 수도 없는지라 솔직하게 보고했다.

"실패했습니다. 김 원장이 갑자기 프레젠테이션을 취소하는 바람에……."

양 부장은 혀부터 찼다.

"쯧쯧, 허풍선이 하는 일이 다 그렇지, 뭐."

"……."

대꾸할 힘도 없어 조용히 서 있는 홍 대리를 한심한 듯 바라보던 양 부장이 입을 열었다.

"지난달에 성 대리 아버님 돌아가신 건 알고 있지?"

"예, 저희 모두 강원도까지 조문을 가지 않았습니까?"

"맞아, 그런데 성 대리 아버님이 강원도에서 대규모의 농장을 운영하고 계셨던 모양이야. 홀로 남은 어머님이 그 큰 농장을 혼자 꾸려가실 수 없는 노릇이라 성 대리가 퇴사하고 낙향하겠다고 하는군."

"그렇군요……."

"그래서 얘긴데 성 대리가 맡고 있는 우진대학병원을 누군가한테 인계해야 하는데… 연차상으로 홍 대리밖에 없어서 말이야."

"예?"

별생각 없이 고개를 끄덕이던 홍 대리의 눈이 휘둥그레졌다. 김 내과 프레젠테이션까지 실패하고 돌아온 마당에 국내 유수의 우진대학병원을 맡으라니? 혹시 잘못 들은 것은 아닌지 귀를 의심할 지경이었다.

"사실 우리 팀 대리급들은 다 대학병원을 맡고 있잖아. 그런데 홍 대리 자네만 구역 개인병원들을 맡고 있지. 실은 그게 늘 마음에 걸렸어. 그래서 이번에 기회를 한번 줘 볼까 생각 중이었는데……."

"부장니임."

감격한 홍 대리는 코끝이 찡해졌다. 양 부장이 자신을 이렇게까지 배려할 줄이야. 늘 짜증기가 덕지덕지 붙어 밉상이던 양 부장의 얼굴이 오늘은 인자해 보이기까지 했다.

하지만 양 부장의 말은 거기서 끝난 것이 아니었다.

"그런데 큰소리 뻥뻥 쳤던 프레젠테이션을 실패하고 왔으니, 이건 뭐 믿고 맡길 수가 있어야지."

"……."

홍 대리가 좋다 말았다는 표정으로 입을 굳게 다물었다.

'도대체 맡기시겠다는 거야, 말겠다는 거야!'

잠깐 무언가 골똘히 생각하던 양 부장이 긴장 어린 목소리로 말했다.

"두 달 후 우진대학병원에서 DC가 꾸려진대."

홍 대리까지 대번에 표정이 굳어졌다.

"드러그 커미티가요?"

대학병원, 종합병원 등 대형 병원에서는 정기적으로 약제심사위원회를 열어 처방 약제의 리스트를 작성한다. 이를 통상

DC(Drug Committee)라고 부르는데 병원의 고위 임원들과 과장급 의사, 전문의들이 모여 어떤 제약회사의 어떤 약품을 처방할지 결정하는 것이다. 당연히 위원회 철이 오면 각 제약회사 MR들은 자사 약품을 리스트에 포함시키는 데 사활을 건다. 홍 대리는 동료와 고참들이 밤낮을 가리지 않고 뛰던 모습을 떠올렸다.

'아, 그 엄청난 일이 바로 눈앞에 닥쳐 있단 말이지······.'

"이번에 출시된 우리 회사 심혈관계 신약, 홍 대리도 알지?"

양 부장의 말소리에 홍 대리는 정신이 번쩍 들며 현실로 돌아왔다.

"이번 우진대학병원 DC에서 무조건 그 신약을 리스트에 올리도록 만들어야 해. 수십억의 개발비가 들어간 신약의 성패가 바로 거기 달려 있단 말이지."

"그, 그렇군요."

"이 미션이 홍 대리에게 우진대학병원을 맡기는 조건이야."

"무슨 말씀이신지······?"

어리둥절해 하는 홍 대리를 똑바로 쳐다보며 양 부장이 일침을 놓았다.

"홍 대리에게 일단 우진대학병원을 맡기겠지만 계속 맡길지는 이번 DC 결과를 보고 최종 결정을 내리겠다는 뜻이야. 어때, 한번 해 보겠어?"

홍 대리는 선뜻 대답하지 못했다. 결국 우진대학병원 건은 기회인 동시에 위기인 셈이었다. 한동안 생각에 잠겨 있던 홍 대리는 주먹을 불끈 쥐며 말했다.

"옙, 할 수 있습니다!"

"으이그, 난 자네가 큰소리 칠 때마다 불안해 죽겠더라."

"이번만은 다를 테니 믿어주십시오."

"그렇다고 DC에만 목을 매고 있어선 곤란해. 기존에 우진대학병원에 들어가 있는 우리 약들도 충실히 관리해야 한다는 걸 잊지 말도록."

"그야 당연하죠."

양 부장이 영 미덥지 않다는 표정을 지었지만 홍 대리는 긍정적으로 생각하기로 했다. 어려운 시험을 거쳐야 했지만 어쨌든 기회는 기회였다. 이 기회를 잘만 활용하면 국내 굴지의 대학병원 담당자로 우뚝 설 수 있는 것이다.

그날 퇴근 후, 홍 대리는 도해를 불러냈다. 대학병원을 맡게 된 일을 그녀와 함께 축하하고 싶어서였다.

저녁부터 먹자는 도해를 억지로 술집으로 끌고 갔다.

"배고픈데 술집부터 끌고 오냐? 그런데 아까부터 왜 그리 웃어? 오늘 뭐 좋은 일 있었어?"

소주잔을 놓고 마주앉은 홍 대리를 도해가 이상하다는 듯이 바라보았다. 홍 대리는 여전히 헤벌쭉거리며 고개를 크게 끄덕였다.

"물론 좋은 일이 있지."

"무슨 일인데 그래?"

"알아맞혀 봐."

"흐음, 혹시 로또 맞았어?"

"아니."

"그럼 나 몰래 사둔 주식이 올랐나?"

"에이, 설마."

"무슨 일인지 빨리 말 안 해?"

도해가 눈을 치떴지만 그는 천천히 술을 홀짝이며 뜸을 들였다. 빈 소주잔을 내려놓고 빙글빙글 돌리던 홍 대리가 방긋 웃으며 말했다.

"이제부터 내가 우진대학병원을 맡게 됐다는 거 아냐."

순간 도해가 손뼉을 치며 환호성을 질렀다.

"와우, 우진대학병원이면 국내에서 열 손가락 안에 꼽히는 종합병원이잖아? 풍호 씨, 출세했구나!"

"인간 홍풍호 앞길은 이제 탄탄대로야. 도해 너도 고생 끝, 행복 시작이란 말이지."

"어쩜……!"

눈을 반짝이는 도해를 보며 홍 대리는 이런 여자의 사랑을 받는 자신이 참 행복한 남자라고 생각했다.

이튿날부터 홍 대리는 몹시 바빠졌다. 자신의 구역을 맡게 된 후배에게 인수인계 작업을 하는 한편, 우진대학병원 약제심사위원회 예상 멤버들에 대한 정보를 수집해야 했기 때문이다. 홍 대리는 지난 5년 동안 쌓아온 인맥을 총동원했다. 우진대학과 조금이라도 관련이 있는 의사들을 찾아다니며 누가 위원회에 포함될지 정보를 캐고 다녔다. 이들을 미리 파악해서 사전 작업을 해두지 않으면 기존의 약들을 제치고 신약이 처방약 리스트에 오르는 것은 불가능한 일이었다.

"여어, 홍 대리 아냐?"

그날도 위원들에 대한 정보를 캐내려고 우진대학병원을 누비던 홍 대리는 로비에서 미라클제약의 나잘난 대리와 딱 마주쳤다. 피부관리라도 받는지 뺀질뺀질한 나 대리의 얼굴을 마주하는 순간, 홍 대리는 내심 불쾌했다. 타사 MR들과는 대개 동업자 의식을 갖고 좋은 관계를 유지했지만 나 대리만은 그게 잘 되지 않았다. 비슷한 시기에 일을 시작했지만 지금 나 대리와 자신의 위치는 거의 천양지차라 할 만했다. 게다가 다국적 제약회사에 다닌다고 뻐기는 건지 늘 사람을 깔보는 듯한 말투로 대하기 때문에 인간적으로도 영 정이 가지 않았다.

홍 대리 앞으로 다가온 나 대리가 느물거리는 미소를 지으며 말했다.

"홍 대리가 여길 맡게 됐다는 소문은 들었지. 홍 대리, 보기와는 달리 제법이야."

'보기와는 달라? 평소 내 모습이 어땠기에? 게다가 제법이라니, 지가 내 상관이야 뭐야!'

한마디 쏘아붙이고 싶은 마음을 꾹 누르며 홍 대리가 억지로 웃었다. 그런 그의 마음을 아는지 모르는지 나 대리가 친한 척 얼굴을 가까이 대며 은근한 목소리로 말했다.

"그런데 홍 대리, 그 소문 들었어?"

"무슨 소문?"

"한 달쯤 후에 여기 심장내과 과장님이 교체된대."

놀란 홍 대리가 눈을 동그랗게 떴다.

"그, 그게 정말이야? 대체 어떤 분이 새로 오시는데?"

"잘은 모르지만 개인병원을 운영하던 선생인 모양이야. 이름이 뭐라더라……. 맞다, 김치독! 특이한 이름이라 기억하고 있었지."

"뭐어……!"

홍 대리는 아무 말도 못하고 입을 쩍 벌리고 말았다.

하필이면 바로 얼마 전 화가 난 나머지 관계를 청산했던 김 치독 원장이 부임하다니! 그럼 그때 프레젠테이션이 필요 없 게 됐다고 한 이유가……? 그나저나 이렇게 되면 이곳에 심혈 관계 신약을 랜딩시키는 미션은 실패한 것이나 다름없지 않은 가. 국내 유수의 대학병원 MR로 우뚝 서겠다는 꿈도 물거품이 되고 말리라.

눈앞이 캄캄해짐을 느끼며 홍 대리는 그때 왜 김 원장과의 관계를 좀 더 부드럽게 정리하지 못했을까 후회했다. 하지만 이미 때는 늦었다.

병원 밖으로 나오니 하늘에는 짙은 먹구름이 낮게 깔려 있었 다. 홍 대리는 소나기라도 한바탕 퍼부으면 좋겠다고 생각했다. 하지만 비가 내리기는커녕 끈적한 공기가 그의 심사를 더 울적 하게 만들었다.

행인들로 붐비는 거리 한복판에 서서 홍 대리는 핸드폰을 꺼 내 단축키 1번을 눌렀다. 도해의 번호였다. 퇴근 후 술이라도 한 잔 하자고 물었더니 그녀는 머뭇거리다가 대답했다.

"어떡하지? 나, 오늘 동창회가 있는데."

홍 대리에게는 정말 최악의 하루가 아닐 수 없었다.

퇴근 시간, 홍 대리는 어깨를 축 늘어뜨리고 회사를 나섰다. 가슴이 답답해서 혼자라도 한 잔 마시고 들어갈 생각이었다.

"어라?"

순간 홍 대리의 눈이 화등잔만 해졌다. 길 건너편에서 번쩍번쩍 빛나는 외제 승용차에 막 타려 하는 도해를 발견했기 때문이다. 언제 갈아 입었는지 얼마 전 큰맘 먹고 장만했다던 명품 실크 블라우스로 한껏 멋을 부린 모습이었다. 그런데 더 충격적인 일이 일어났다. 느끼하게 웃으며 도해에게 조수석 문을 열어주러 다가서는 남자는 미라클제약의 나잘난 대리가 아닌가.

"도해가 왜 나 대리 차에……?"

순간적으로 멍해 있던 홍 대리는 도해의 이름을 부르며 급히 횡단보도를 건너기 시작했다.

"도해야! 도도해!"

하지만 홍 대리의 절박한 목소리는 도해에게 닿지 않은 것 같았다. 차는 곧 도해를 싣고 미끄러지듯 시야에서 멀어져버렸다.

"도해야……."

홍 대리가 넋 나간 사람처럼 중얼거렸다.

뜬눈으로 밤을 새운 홍 대리는 다음 날 출근하자마자 도해를 옥상으로 불러냈다. 옥상에 꾸며진 정원의 구석으로 도해를 끌고 간 홍 대리가 그녀를 매섭게 째려보았다. 도해의 눈빛이 흔들렸다.

"왜, 왜 그런 눈으로 쳐다봐?"

홍 대리가 간신히 화를 억누르며 물었다.

"어제 어디 갔었어?"

"동창회 간다고 했잖아."

"대학 동창회 말이지?"

"그래, 왜 같은 질문을 몇 번씩이나 하고 그래?"

"……."

홍 대리가 한동안 아무 말도 않고 도해의 얼굴을 가만히 보았다. 오늘따라 그녀의 얼굴이 낯설어 보였다. 천연덕스럽게 거짓말을 하는 이 여자가 자신이 알고 있는 그 여자가 맞는지 의심스러울 지경이었다. 홍 대리가 어금니를 지그시 깨물었다.

"유치한 거짓말은 그만하자. 어제 나 대리랑 어디 갔니?"

"그, 그걸 어떻게?"

놀란 도해가 눈을 크게 떴다. 홍 대리는 귓불까지 빨개지며 당황하는 그녀의 얼굴을 가만히 응시했다.

잠시 후, 도해가 고개를 푹 숙이며 간신히 말했다.

"미, 미안해 풍호 씨. 거짓말을 할 생각은 아니었어."

"……."

홍 대리는 바위처럼 굳은 얼굴로 대꾸도 하지 않았다. 더 당황해진 그녀가 변명조로 말을 이었다.

"실은 영업지원부 차화영 씨 소개로 우연히 나 대리를 알게 됐어. 화영 씨와 셋이서 차를 마신 적이 있는데, 그날 이후 밥한번 먹자고 하도 졸라대서 어제 저녁 딱 한 번 더 만났을 뿐이야. 물론 아무 사이도 아니지만 풍호 씨 몰래 나 대리를 만난 건 정말 미안하게 생각해. 만약 입장이 바뀌었다면 나라도 상당히 기분이 나빴을 테니까. 다시는 그런 일 없을 테니 이번 한번만 용서해줘, 응?"

천천히 고개를 드는 도해의 얼굴에 자책과 후회의 빛이 떠오른 걸 홍 대리는 똑똑히 보았다. 하지만 쉬 마음이 풀리지는 않았다. 상대가 나 대리라는 사실에 더욱 화가 치밀었다. 어쩌면 그건 열등감 같은 것인지도 몰랐다.

"넌 나를 바보로 만들었어. 도대체 생각이 있는 거니, 없는 거니? 무슨 여자가 그리 헤프냔 말이야."

"뭐라고……?"

순간 도해의 표정이 험악하게 일그러졌다. 분한 듯 눈물까지 글썽이며 홍 대리를 노려보던 도해가 입술을 질끈 깨물며 내뱉었다.

"그래, 나 헤픈 여자야. 솔직히 능력 있고, 집안 좋은 나 대리한테 조금은 끌리더라. 하지만 혼기 꽉 찬 여자 친구한테 어떤 비전도 보여주지 않고 허송세월만 보낸 풍호 씨도 잘한 건 없다고 생각해."

이렇게 되자 오히려 홍 대리 쪽에서 할 말이 없어져버렸다. 한 대 얻어맞은 얼굴로 멍하니 서 있는 그를 남겨두고 도해가 냉랭히 돌아섰다. 그가 무슨 말인가 하려고 그녀를 향해 손을 뻗었지만 목소리는 입 밖으로 나오지 못했다. 옥상 문을 거칠게 열어젖히고 나가는 도해의 뒷등을 보며 홍 대리는 길게 한숨을 내쉬었다.

"후우우."

"저희 서광약품의 신약은 심부전 환자의 소변량을 증가시켜 신장 기능을 유지하는 작용을 합니다. 신장 기능을 보존하면서 신장 혈관을 확장시킨다는 점에서……."

며칠 후 병원영업부 회의실에서 홍 대리는 양 부장과 팀원들을 앉혀놓고 신약 프레젠테이션 리허설을 하고 있었다. 얼마 후면 꾸려질 우진대학병원 약제심사위원회에서 신약을 리스트에 올리려면 무엇보다 새로 부임할 심장내과 김치독 과장을 위한 프레젠테이션이 관건이었다. 그간 조사한 바에 따르면 김 과장은 그 분야에서 상당한 입지를 갖고 있는 인물이었고 부임 초기인데도 위원회에서 발언권이 대단할 것으로 예상됐다. 상황이 이러하다 보니 홍 대리를 못 미더워 한 양 부장이 자신과 팀원들 앞에서 미리 프레젠테이션을 실시해 보라고 명령한 것이다.

커튼이 쳐져 어둑한 회의실 안에서 빛나는 곳은 스크린뿐이었다. 홍 대리는 노트북의 키들을 조작하고 레이저포인터로 복잡한 도표나 공식들을 가리키기도 하면서 프레젠테이션을 진행해나갔다. 지난 밤 늦게까지 기를 쓰고 외운 신약의 성분, 작용, 효능 등을 설명하며 홍 대리는 나름 순조로운 진행이라고 생각했다. 그러면서도 그의 시선은 이따금씩 맨 앞줄 양 부장과 나란히 앉은 백기찬 이사의 얼굴로 쏠렸다.

백 이사는 유명한 협상 전문가로 이번에 서광약품 교육담당 임원으로 스카우트된 인물이었다. 그는 영국 셰필드대학에서 왕립 장학생으로 정책학 박사학위를 받은 범상치 않은 경력의 소유자였다. 귀국해서는 국내 협상학 박사 1호로 여러 대학에서 학생들을 가르치며 본격적으로 협상학을 전파하기 시작했고, 최근에는 내로라하는 글로벌 기업들에서 앞 다퉈 강연자로 모신다고 한다. 백 이사를 영입하기 위해 회사 경영진이 각고의 노력을 기울였다는 후문을 홍 대리도 들어서 알고 있었다. 이번 리허설에 백 이사도 참석해달라고 영업지원부에서 요청했음을 아까 양 부장이 귀띔해주었다. 그만큼 이 건이 중요하다는 사실을 강조하려는 것이었으리라.

백 이사의 첫인상은 약간 차가웠다. 자신의 분야에서 일가를 이룬 전문가들이 대부분 그렇듯 자신감에 넘쳐 보였고 약간 도도한 느낌마저 들었다.

더욱 신경을 쓰며 프레젠테이션을 절반쯤 진행했을 때, 홍 대리는 양 부장과 팀원들이 비교적 만족스러워하는 표정을 짓는 것을 보고 안도했다. 그런데 백 이사의 표정이 영 께름칙했다. 홍 대리의 설명을 들으며 간간이 한숨을 내쉬는 게 영 마음에 들지 않는 눈치였다.

급기야 홍 대리가 신약의 장점에 대해 열변을 토할 때, 백 이사가 스윽 자리에서 일어나더니 무표정한 얼굴로 홍 대리를 힐끗 보고는 그대로 문을 열고 나가버렸다. 말문이 막힌 홍 대리는 더 진행을 할 수 없었고 회의실 안에는 어색한 침묵만이 흘렀다. 홍 대리는 어찌할 바를 몰라 양 부장을 바라보았다. 양 부장도 당황하는 기색이 역력했다.

"저 양반이 왜 저러지?"

얼굴이 바위처럼 딱딱하게 굳어진 홍 대리가 양 부장을 향해 말했다.

"죄송합니다, 부장님. 오늘은 더 이상 진행하기 힘들 것 같은데요?"

"흠흠, 그럼 오늘은 여기까지 하도록 하지."

양 부장의 말이 떨어지자마자 홍 대리는 황급히 밖으로 뛰쳐나갔다. 백 이사를 쫓아가는 그의 머릿속은 당혹감으로 터져버릴 지경이었다.

"이사님! 백기찬 이사님!"

복도 저편으로 걸어가는 백 이사의 뒤를 홍 대리가 헐레벌떡 쫓아갔다. 백 이사가 걸음을 멈추고, 얼굴이 벌겋게 달아오른 홍 대리를 향해 돌아섰다. 아까의 무표정 그대로였다.

"홍 대리, 무슨 일이지?"

"헉헉, 이사님, 다름이 아니라……."

"그래, 말해 보게."

"제 프레젠테이션이 어떻게 잘못된 것인지 알려주십시오."

잠시 홍 대리의 얼굴을 빤히 보던 백 이사가 대뜸 물었다.

"자네 올해 MR 몇 년 차지?"

"오, 오 년 차입니다만……."

"오 년씩이나 MR로 뛰었다는 사람이 프레젠테이션을 앵무새처럼 줄줄 외워서 하나? 그 내용들을 제대로 이해는 했나?"

"그게 무슨 말씀이신지……?"

왜 이리 혹평을 하는지 홍 대리는 이해하기 힘들었다. 의사도 연구원도 아닌 MR로서는 신약개발부에서 제공한 자료를 외우는 수밖에 없다고 생각했기 때문이다.

억울하다는 표정의 그를 향해 백 이사가 차갑게 말했다.

"그렇게 외운 내용만 떠들어대니 우격다짐으로 '설득'할 수밖에 없는 걸세."

홍 대리가 더 이상 참지 못하고 조심스럽게 항변했다.

"프레젠테이션이란 게 원래 우리 약을 써주십사 설득하는 작업 아닙니까?"

한심하다는 눈으로 홍 대리를 쳐다보던 백 이사가 천천히 고개를 흔들었다.

"아니지, MR에게 프레젠테이션은 영업의 첫 단추야. 이 중요한 자리에서 MR이 의사에게 주어야 할 것은 바로 신뢰야. 그런데 앵무새처럼 줄줄 외운 내용을 읊으면 의사 선생이 자넬 신뢰할 수 있겠나? 약품에 대한 자료를 완벽히 이해하고 진짜 아는 내용을 얘기해야 의사 선생들도 자넬 믿고 함께 일해 보자는 생각이 드는 걸세."

"……."

구구절절 옳은 말인지라 뭐라 말대꾸를 하지는 못했지만 그렇다고 백 이사의 말을 전적으로 수긍하는 것은 아니었다. 현실과 이상 사이에는 늘 괴리가 존재하는 법이다. 백 이사의 말대로 신약을 완벽히 이해하려면 도대체 시간이 얼마나 걸리겠는가. 의사들도 전문 지식을 갖추는 데에는 다른 분야보다 더 많은 시간을 들이지 않는가.

홍 대리의 불만을 알아차린 백 이사가 나직이 물었다.

"홍 대리, 자네 혹시 협상과 설득의 차이는 알고 있는가?"

"설득과 협상의 차이요? 그게 그거 아닌가요?"

"쯧쯧."

백 이사는 실망스럽다는 듯 혀를 찼다.

"저도 갑갑해서 이럽니다. 뭐가 잘못됐는지 제발 좀 가르쳐 주십시오, 이사님."

"지난 주 교육에서 자넨 대체 뭘 배웠나?"

"그게 저어……."

홍 대리는 언제부턴가 사내교육이란 받아도 그만 안 받아도 그만이라는 생각을 갖게 됐다. 단순 사무도 아니고 거래처 찾아다니랴 방문 준비하랴 늘 바쁜 터에 별로 얻는 것도 없이 시간만 뺏긴다고 여겼기 때문이다. 공지사항을 본 적은 있지만 백 이사의 교육 역시 귓등으로 흘려버리고 말았다.

"실은 그때 거래처와 약속이 잡혀 있어서 참석을……."

우물쭈물하는 홍 대리를 보는 백 이사의 눈빛이 더욱 싸늘해졌다.

"그렇게 스스로 아무런 노력도 하지 않는 자넬 내가 왜 도와야 하지?"

"……."

홍 대리는 완전히 말문이 막혔다.

백 이사는 홍 대리에게 싸늘한 시선을 던지고는 홱 돌아서서 다시 가던 길을 갔다. 이러지도 저러지도 못하고 멍하니 서 있던 홍 대리는 백 이사의 걸음이 멀어질수록 자신의 꿈도 멀어지는 것처럼 느껴졌다. 이제 우진대학병원 건은 물건너 갈 것이고, MR로 성공하겠다는 목표도 이룰 수 없게 될 것이다. 그보다 당장 이 회사에 계속 다닐 수나 있을 것인가. 후배들이 계속 치고 올라오는 판에 얼마나 더 제자리걸음으로 버틸 수 있겠는가.

생각이 여기까지 미친 홍 대리는 지금 이 순간 자신이 인생의 중대한 갈림길에 서 있음을 깨달았다. 길을 잘 들어서면 가능성을 키워갈 수 있겠지만 잘못 들어서면 내리막길만이 기다릴 뿐이었다. 그런 생각이 들자 백 이사의 도움이 더욱 간절해졌다.

백 이사는 벌써 엘리베이터 앞에 도착해 있었다. 날듯이 뛰어 홍 대리는 버튼을 누르려는 백 이사의 소매를 붙잡았다. 백 이사가 천천히 돌아서서 홍 대리를 쳐다보았다. 그의 눈빛은 여전히 냉랭했다.

"이사님, 잠깐만 더 시간을 내주십시오."

홍 대리는 머리를 숙이며 부탁했다.

"준비를 충분히 못한 점 깊이 반성하고 있습니다. 정말 죄송합니다."

그러고는 천천히 고개를 들며 절박한 표정으로 말을 이었다.

"하지만 서광약품의 MR인 저를 돕는 것은 곧 회사를 위한 일을 하시는 거라고 생각합니다."

잠시 황당한 듯 홍 대리의 얼굴을 들여다보던 백 이사가 피식 웃음을 머금었다.

"그러니까 서광약품의 임원인 내가 자네를 돕는 것은 당연하다?"

"무례하게 들렸다면 죄송합니다."

"아닐세, 틀린 말은 아닌 것 같군. 홍 대리 자네 제법 재미있는 친구야. 허헛!"

백 이사의 목소리가 약간 누그러졌다. 하긴 까마득한 상사인 회사 임원에게 그렇게 당돌한 말을 할 수 있는 대리는 몇 안 될 것이다. 백 이사가 마침내 타이르는 듯한 말투로 설명을 시작했다.

"내가 원하는 것을 누군가 가지고 있다면 그때부터 그 사람은 나에게 협상의 대상이 되는 걸세. 처방권을 가진 의사들은 당연히 MR의 협상 대상이지."

홍 대리는 그 말을 음미하듯 천천히 고개를 끄덕였다.

"그렇겠군요."

"아까 자네 프레젠테이션처럼 일방적으로 상대에게 네가 가진 것을 달라고 요구하는 것은 설득의 방식일세. 그에 반해 협상은 내가 원하는 것을 얻기 위해 나 또한 상대에게 무언가를 주는 기브 앤드 테이크의 방식이야. 그런데 우리는 대개 협상은 하지 않고 설득부터 하려고 들지. 왜 그럴까?"

"그, 글쎄요."

"협상은 설득에 비해 더 많은 노력과 시간이 필요하기 때문이지. 예를 들어 자네가 준비하고 있는 프레젠테이션도 협상의 관점에서 바라본다면 형식적으로 줄줄 외울 게 아니라 어떤 질문이 나오더라도 대응할 수 있을 만큼 철저히 준비를 해야지. 이로써 의사에게 자네와 자네가 소개하는 약에 대한 신뢰를 주는 걸세. 신뢰야말로 협상의 대상에게 줄 수 있는 것 가운데 가장 중요하고 기본적인 것이지."

"으음……."

정곡을 찔린 홍 대리가 낮은 신음을 흘렸다.

"물론 설득을 통해서도 목적을 이룰 수 있네. 하지만 그것만으론 상대와의 관계를 지속할 수가 없어. 설득은 일방적으로 나만 얻는 방식이기 때문에 결국은 상대가 불만을 품게 되기 때문이지. 그래서 나만 일방적으로 얻는 설득이 아니라 기브 앤드 테이크 할 수 있는 협상이 필요한 걸세. 무슨 말인지 알아듣겠나?"

"후우……."

백 이사의 긴 설명이 끝났지만 홍 대리의 표정은 여전히 밝지 않았다. 백 이사의 말을 완전히 이해할 수 없었기 때문이다. "솔직히 말씀드리면 아직 잘 모르겠습니다. 바쁘시겠지만 조금만 더 설명해주시면 안 될까요?"

절박한 표정의 홍 대리를 물끄러미 바라보던 백 이사가 핑글 돌아서며 말했다.

"오늘은 선약이 있어서 곤란하군. 내일 다시 찾아오게."

그 말을 남기고 백 이사는 엘리베이터에 올랐다. 그 후에도 홍 대리는 한참을 그대로 서서 협상은 기브 앤드 테이크라는 말을 곱씹고 있었다. 지금까지 자기에게 이런 식의 논리적인 질책과 자극을 준 사람은 아무도 없었다. 그저 해야 할 업무가 있었고, 그 결과를 보고 잘 했느니 못 했느니 평가를 받는 게 전부였다. 홍 대리는 이제부터 백 이사님을 멘토로 모시고 열심히 배워보겠다고 다짐하면서 주먹을 꼬옥 쥐었다.

받으려고만 하면
결코 얻지 못한다

다음 날 오전, 홍 대리는 백 이사와 사옥 지하에 있는 커피숍에 마주앉아 있었다. 홍 대리가 출근하자마자 곧장 백 이사를 찾아갔던 것이다. 백 이사는 그렇게 이른 시간에 들이닥칠 줄은 몰랐다는 듯 당황해 하기는 했지만 순순히 그와 함께 커피숍으로 향했다. 이 젊은이가 밤새 어떤 생각과 기대를 했을지 짐작해 보면서 그런 저돌성을 가졌다면 아예 싹이 노란 것은 아니라고 생각했다.

커피를 한 모금 홀짝인 백 이사가 먼저 말문을 열었다.

"협상이 기브 앤드 테이크란 말 기억하나?"

"예, 기억하고 있습니다. 내가 원하는 것을 얻기 위해서는 나 또한 무언가를 주어야 하고 그중에 가장 기본은 신뢰라고 하셨지요."

"그렇지, 믿음을 주는 것이 기브 앤드 테이크의 기본 중 기본일세. 하지만 그것만으론 부족해. 믿음 외에도 끊임없이 무엇을 줄 수 있을지 고민해야 하네. 그럼 기브 앤드 테이크를 잘하려면 어떻게 해야 할까?"

잠깐 고민한 끝에 홍 대리가 자신 없는 투로 답했다.

"상대가 무엇을 원하는지 알아야 하지 않을까요?"

"맞아, 먼저 상대가 무엇을 원하는지부터 알아야겠지. 그 다음 상대가 원하는 것을 내가 가졌는지 살피고, 그걸 주고서라도 상대방이 가진 걸 얻을 필요가 있는지 가치판단을 해야지."

홍 대리는 저도 모르게 고개를 끄덕였다. 신기루처럼 느껴지던 말들이 조금씩 확실한 형태를 띠기 시작하는 느낌이었다.

우진대학병원 김 과장에게 프레젠테이션을 실시하는 목적은 신약을 랜딩시키기 위해서였다. 그 목적을 이루기 위해선 무조건 요구만 할 것이 아니라 나도 그를 만족시킬 만한 무언가를 주어야 한다. 그런데 자신의 프레젠테이션에선 그런 노력과 배려가 전혀 보이지 않는다고 백 이사는 지적하고 있다.

여기까지 생각이 미친 홍 대리가 조심스레 김치독 과장과의 악연을 털어놓기 시작했다. 홍 대리의 말을 조용히 듣고 있던 백 이사가 낮은 어조로 말했다.

"자넨 최악의 상황에 놓여 있는 셈이군."

"예, 그런 것 같습니다."

"결자해지란 말이 있지 않나? 매듭은 묶은 사람이 풀어야 해. 김 과장과의 악연은 반드시 자네 손으로 해결하고야 말겠다는 마음가짐으로 협상력을 키우며 차근차근 준비를 해나가도록 하게."

성 대리로부터의 인수인계 작업이 끝나자마자 홍 대리는 먼저 우진대학병원에서 자사 약품이 어떻게 처방되고 있는지부터 파악하기 시작했다. 그러다 이상한 점을 발견했다. 이전 약제심사위원회의 처방약 리스트에 포함되어 있는 자사의 약들 중 유독 일반외과계 약들의 처방이 부진했던 것이다. 다른 과에 비해 약간 차이가 있는 정도가 아니라 아예 처방을 하지 않는다고 봐야 할 수준이었다. 홍 대리는 이 문제를 해결하기 위해 일반외과의 이재미 과장을 만나보기로 했다.

담당 간호사에게 부탁해 이 과장과 약속시간을 잡은 홍 대리는 아침 일찍 그의 방 앞으로 갔다. 그런데 환자 대기석에 앉아서 기다리다 보니 이상한 점을 발견했다. 대기 환자 수가 다른 대학병원 일반외과에 비해 현저히 적었던 것이다. 이 과장의 방 앞에는 두 명의 환자만이 덩그러니 앉아 있을 뿐이었다. 요즘은 병원도 실적을 철저히 체크하기 때문에 이 정도면 의사도 스트레스를 받을 것 같다는 생각이 들었다.

"서광약품 홍풍호 대리님."

두 명의 진료가 끝나자 간호사가 홍 대리를 불렀다. 간호사에게 고맙다는 눈인사를 건네며 과장실 문을 밀고 들어갔다.

"서광약품의 새로운 MR이라고? 그래, 오늘은 무슨 용무로?"

사십대 중반의 이 과장은 매우 활기차 보이는 남자였다. 환자 수가 적어서 심한 스트레스를 받고 있으리라는 홍 대리의 예상은 보기 좋게 빗나간 셈이다. 이 과장에게 정중히 명함을 건넨 홍 대리가 친근하게 웃으며 말문을 열었다.

"실은 다른 외과에 비해 유독 일반외과에서는 저희 회사 약품이 처방되고 있지 않더군요. 혹시 무슨 불만 사항이라도 있으시나 해서 문의드리러 왔습니다."

이 과장이 대수롭지 않다는 표정으로 어깨를 으쓱했다.

"특별한 불만은 없는데?"

"그럼 저희 회사 약품을 처방에 쓰시지 않는 이유가 무엇인지……?"

말투는 조심스러웠지만 단도직입적으로 묻는 홍 대리를 향해 이 과장이 망설임 없이 답했다.

"나는 주로 마라클제약 약품을 쓰고 있어. 서광약품 약보다 훨씬 효능이 좋더군."

이 과장이 너무 확신에 차서 말하자 홍 대리는 오히려 당혹스러웠다.

"아, 그러셨군요. 그래도 DC 리스트에 포함되어 있으니, 저희 약품도 한번 써 보시죠. 판매 면에서는 저희 약이 결코 경쟁사 제품에 뒤지지 않습니다."

"옛날에는 나도 서광약품 약을 써봤지. 그런데 대부분 효능이 영 별로였어."

홍 대리는 그렇게 좋은 미라클제약 약을 써서 환자가 달랑 두 명뿐이냐고 따지고 싶은 마음이 굴뚝같았다. 하지만 꾹 참고 나긋나긋한 말투로 자사의 약품을 처방에 써줄 것을 제안했다. 그런데 이 과장은 의외로 고집이 셌다. 미라클제약의 약들이 월등하다는 말만 반복할 뿐 꿈쩍도 하지 않았다. 계속 밀어붙였다간 첫 만남부터 관계가 틀어질 것 같아 일단 앞으로 잘 부탁드린다는 말을 남기고 밖으로 나왔다.

이후에도 홍 대리는 몇 번이나 이 과장을 방문했다. 이 과장이 특별히 그를 박대하는 기색은 없었다. 그렇다고 서광약품의 약은 효능이 떨어진다는 생각을 바꿀 생각도 없는 듯했다. 홍 대리는 일단 이 과장이 왜 저리 미라클제약에 집착하는지 알아봐야겠다고 결심했다. 그래서 얼굴을 익힌 담당 간호사에게 접근해 이유를 캐물었다. 간호사의 대답은 의외로 간단명료했다.

"저희 과장님, 미국 유학파시잖아요. 그래서 그런지 이쑤시

개 하나도 미제를 선호하세요. 미국계 다국적 제약회사인 미라클제약을 편애하는 것도 어쩌면 당연하지요."

어렵지 않게 실마리를 찾았지만 홍 대리는 오히려 난감했다. 그런 식의 선입견을 바꾸기란 매우 어렵다는 사실을 알고 있었기 때문이다. 시작부터 벽에 부딪힌 셈이었다.

병원에 딸린 작은 정원의 벤치에 앉아 홍 대리는 머리를 감쌌다. 어떻게 하면 이 과장을 공략할 수 있을지 고민을 거듭했지만 뾰족한 방법이 떠오르지 않았다. 그때 갑자기 주위가 소란스러워 고개를 들어 보니 초등학생 둘이 재잘대며 지나가고 있었다. 아이스크림을 먹으며 신나게 얘기를 하던 중 한 아이가 말했다.

"네 아이스크림은 무슨 맛이야? 한입만 먹어 보자, 응?"

"그럼, 너도 한입 줘야지."

"그래그래."

서로 주거니받거니 아이스크림을 먹으며 멀어지는 아이들을 보면서 불현듯 떠오르는 생각이 있었다. '협상은 기브 앤드 테이크'라던 백 이사의 조언이었다. 이론을 실전에 적용하는 것은 홍 대리의 몫이다. 그때부터 홍 대리는 이 과장을 어떻게 설득할까가 아니라 이 과장이 자기네 약을 쓰게 하려면 무엇을 주어야 할지 고민하기 시작했다.

그날 늦은 오후, 일과를 마치고 돌아온 홍 대리는 회사 옥상에 서서 열기가 피어오르는 도심을 물끄러미 내려다보고 있었다. 그의 머릿속은 여전히 이 과장에게 무엇을 주어야 할지에 대한 고민으로 꽉 차 있었다.

"어이, 홍 대리!"

누군가 어깨를 툭 쳐서 돌아보니 동기인 최 대리였다.

"어, 최 대리. 벌써 일과 마치고 들어온 거야?"

"벌써라니? 오늘은 자네가 제일 늦었다고."

"하하⋯⋯. 그랬나?"

건성으로 웃는 홍 대리의 얼굴을 최 대리가 빤히 들여다보더니 물었다.

"홍 대리, 무슨 고민 있지? 대체 뭔데 그래?"

"으음⋯⋯."

말을 하자니 길 것 같아 망설이던 홍 대리는 답답한 속이나 풀자는 생각으로 입을 열었다.

"실은 우진대학병원 일반외과에 이 과장이라고 있는데 말이지⋯⋯."

최 대리는 종이컵에 든 커피를 홀짝이며 홍 대리의 이야기를 유심히 들었다. 심각한 표정으로 이야기를 다 듣고 난 그가 미간을 찌푸리며 내뱉었다.

"왜 거기만 고집을 부린다냐?"

"응? 무슨 말이야?"

"다른 건 몰라도 일반외과계 약은 우리 약이 미라클제약보다 훨씬 잘나가고 있어. 내가 회사에 보고하려고 조사한 것만 봐도 국내 주요 대학병원 대부분의 일반외과에서 미라클제약 약을 사용했을 때보다 우리 약을 사용했을 때 효능이 좋다는 결과가 나왔어. 단적인 증거로 환자 수가 늘었거든."

홍 대리가 눈을 둥그렇게 떴다.

"그, 그게 정말이야?"

"내가 왜 쓸데없는 거짓말을 하겠어?"

"최 대리가 조사했다는 그 데이터 좀 볼 수 있을까?"

"그야 뭐 어렵지 않지."

"고마워, 최 대리! 내가 주말에 한 턱 진하게 쏠게!"

최 대리로부터 데이터를 건네받은 홍 대리는 동기의 말이 거짓이 아님을 알 수 있었다. 미라클제약을 비롯한 경쟁사의 약을 사용했을 때보다 자사의 약을 사용했을 때 일반외과 환자의 수가 부쩍 늘어났던 것이다. 홍 대리는 당장 이 과장을 찾아갈까 하다가 데이터의 날짜가 상당히 경과한 것을 발견하고, 해당 병원을 담당하는 동료들의 도움을 받아 새로운 데이터를 만들기 시작했다. 결과는 마찬가지로 미라클제약보다 서광약품 일반외과계 약들의 판매 실적이 훨씬 뛰어났다.

며칠 후, 홍 대리는 새로 만든 데이터를 들고 이 과장에게 달려갔다.

"어, 이거 확실한 자료야?"

"제가 과장님께 거짓 자료를 올리겠습니까? 특히 우진대학병원과 경쟁관계에 있는 서운대학병원 일반외과의 경우 환자가 서서히 늘어난 시점과 저희 회사의 약을 처방한 시점이 정확히 일치하고 있습니다. 여기 그래프를 보시면 아시겠죠?"

손가락으로 데이터에 표시된 그래프를 가리키며 홍 대리가 힐끗 이 과장의 안색을 살폈다. 그는 당황하는 기색이 역력했다. 반박을 하려 해도 데이터가 너무 정확했던 것이다. 물론 자신의 주장이 틀렸음을 확인시키는 자료이기 때문에 이 과장을 화나게 만들 수도 있었다. 하지만 이 사람이 적은 환자 수 때문에 내심 압박을 받고 있다면 자료를 받아들이리라 확신했다.

팽팽한 긴장감 속에 몇 분의 시간이 흘렀다. 이 과장이 자료를 덮으며 홍 대리를 향해 빙긋 웃었다.

"홍풍호 대리라고 했지? 자네 제법이군. 어떻게 이런 데이터를 만들 생각을 다 했나 그래?"

"처음 과장님을 뵈러 왔던 날 환자가 없어서 내심 놀랐거든요. 그런데 과장님께서는 크게 걱정을 하시지 않는 눈치여서 저도 잊고 지나갔는데요. 다시 들렀을 때 또 생각하게 됐어요. 아무리 그래도 이토록 실력이 있으신 의사 선생님께 환자가 없다는 것은 뭔가 다른 데에 문제가 있지 않을까 싶었습니다. 그래서 그 문제를 따져 보다 이런 조사를 하게 됐습니다."

"덩달아 자네 회사의 약을 처방해주면 더욱 좋을 테고?"

"그야 물론이죠."

"좋아, 자네의 노력을 생각해서 내일부터라도 서광약품의 약들을 처방에 쓰도록 하겠네."

"정말 고맙습니다, 과장님."

이렇게 홍 대리는 우진대학병원에서의 첫 번째 협상에서 성공했다. 이제 급선무는 약제심사위원회 명단을 확보하는 것이었다. 자신감을 회복한 홍 대리는 동분서주하기 시작했다. 그렇게 며칠간 각고의 노력을 기울인 끝에 명단의 일부를 확보할 수 있었다. 물론 가장 중요한 협상 대상은 심장내과 김 과장이었으나 아직 부임하지 않은 까닭에 심장내과의 2인자인 문익주 선생부터 공략하기로 결심을 굳혔다.

그가 원하는 것은 따로 있다!

　월요일 아침, 홍 대리는 신약 브로슈어를 들고 문 선생을 방문했다. 문 선생은 한마디로 부잣집 귀공자 같은 느낌이었다. 반듯한 외모와 꼬박꼬박 존대를 하는 예의 바른 말투, 그러면서도 늘 서글서글한 미소를 잃지 않는 것까지. 요새 말로 엄친아에 인간적인 매력까지 갖췄다고나 할까?

　간단한 인사와 약간의 사사로운 이야기로 분위기를 누그러뜨린 홍 대리는 브로슈어를 펼쳐놓고 신약의 우수성을 홍보하기 시작했다. 하지만 다 듣고 난 문 선생은 비슷한 효능을 지닌 미라클제약의 약품을 주로 처방하고 있다며 완곡한 거부의 뜻을 표했다. 여기서도 미라클제약이라니 참 악연이다 싶었지만 그대로 물러설 수는 없었다. 신약 샘플을 제공하며 자사에서 수십억의 개발비를 들여 만든 야심작이니 이번 약제심사위원회에서 처방약 리스트에 오를 수 있도록 꼭 좀 힘써주십사 부탁했다.

홍 대리가 하도 끈질기게 설득하는 바람에 대놓고 말을 못하던 문 선생이 결국 속내를 드러냈다.

"저는 지금 처방 중인 회사의 약품에 큰 불만이 없어요. 그리고 그 회사 MR과의 관계도 돈독하죠. 홍 대리님의 입장은 알겠지만 이쯤에서 포기하는 게 좋을 것 같습니다."

홍 대리는 예의를 갖춰 정중히 거절하는 문 선생을 보며 이번에도 쉽지만은 않겠다고 생각했지만 이 과장과의 협상을 성공시키고 자신감에 차 있었기 때문에 그대로 물러서지 않았다.

"선생님, 제게도 한 번만 기회를 주십시오. 실망시켜드리지 않을 자신이 있습니다."

자리에서 일어나 허리를 숙이는 홍 대리를 보며 문 선생이 깊은 한숨을 쉬었다.

"무엇보다 나는 신약을 별로 좋아하지 않아요. 신약이란 늘 부작용의 위험이 따르는 법입니다."

좀 더 단호한 어투로 거부하는 그를 향해 홍 대리가 고개를 쳐들며 항변했다.

"개발팀에서 이미 수백 번의 임상실험을 거쳤습니다. 그 결과 부작용 사례는 거의 보고되지 않았습니다."

문 선생이 손을 들어 홍 대리의 말을 막았다.

"물론 제약회사 입장에선 그렇게 말하겠죠. 하지만 의료 일선에서 처방을 내려 보면 제약회사의 데이터가 실제와 틀린 경우가 많아요. 제 환자들에게 부작용의 위험을 감수하라고 할 순 없습니다."

"……."

이 부분에선 홍 대리도 그만 말문이 막히고 말았다. 의사가 환자를 위해 부작용을 걱정한다는데 무슨 말을 하겠는가. 결국 맥없이 물러날 수밖에 없었다.

하지만 홍 대리는 협상은 기브 앤드 테이크라는 백 이사의 조언을 다시 떠올리며 마음을 다졌다. 그리고 문 선생에게 무엇을 줄 수 있을지 고민하던 홍 대리는 이번에도 정확한 데이터뿐이라는 결론에 도달했다.

"어라, 홍 대리 또 왔어?"

서광약품 신약개발부 조승우 과장이 오전 일찍부터 연구실 안으로 들어서는 홍 대리를 보며 반갑지 않은 표정을 지었다. 홍 대리는 벌써 며칠째 연구실을 제집처럼 드나들고 있었던 것이다.

"이 사람아, 여긴 원래 일반 사원은 출입할 수 없는 구역이라니까."

곱지 않게 눈을 뜨는 조 과장에게 홍 대리가 다가가 능청스럽게 웃었다.

"하하. 저희가 어디 남인가요?"

"이 친구, 넉살하고는……."

조 과장의 표정이 살짝 풀리는 순간 홍 대리가 애교 듬뿍 담긴 목소리로 말했다.

"과장님, 부탁드린 건 어떻게 됐어요?"

"부탁드린 거라니?"

"우리 신약이 부작용으로부터 안전하다는 임상실험 데이터 말이에요."

"또, 또 그 소리! 신약에 대한 임상실험 데이터는 아직 극비 사항이라 외부로 유출할 수 없다고 몇 번을 말했나, 엉?"

조 과장이 펄쩍 뛰었지만 그 강도가 며칠 전과는 현저히 다르다는 사실을 홍 대리는 놓치지 않았다. 완고한 중년 연구원의 팔을 잡고 늘어지며 절박하게 사정했다.

"전도유망한 MR 하나 살려준다 생각하시고 제발 선처를 부탁드립니다. 우진대학병원 심장내과 문 선생께만 보여드린 후, 안전하게 가지고 돌아올게요."

"허어, 이 사람이 정말……."

"아잉, 제가 옛날부터 과장님 각별하게 생각하는 거 아시잖아요?."

"징그러우니까 당장 떨어져!"

결국 조 과장은 홍 대리의 끈질긴 애교 공세에 넘어가고 말았다. 홍 대리는 임상실험 데이터를 일목요연하게 다시 정리해 문 선생을 방문했다.

"이 데이터를 보면 마음이 움직이겠지."

그러나 기대는 곧 실망으로 바뀌었다.

"선생님, 이 데이터를 보십시오. 저희 신약이 부작용이 거의 없다고 나와 있지 않습니까?"

"예, 확실히 신빙성이 있는 자료군요. 하지만 이 자료가 타회사 제품보다 낫다는 증거가 될 수는 없습니다."

"어, 어째서요?"

홍 대리의 타는 속을 아는지 모르는지 문 선생은 계속 웃는 얼굴로 답했다.

"신약의 부작용 여부가 밝혀지려면 오랜 시간이 필요합니다. 일정 시간이 흐른 후, 부작용이 없다는 확신이 서면 그때 홍 대리님네 신약을 고려하도록 하겠습니다."

"하아……."

"……그러므로 MR은 설득이 아니라 협상을 해야 합니다. 설득이 무조건 요구하는 것인데 반해, 협상은 나와 상대가 원하는 것을 주고받는 기브 앤드 테이크의 방식입니다."

서광약품 강당 안은 병원영업부 MR을 비롯한 전 사원과 사장님 이하 임원들로 꽉 들어차 있었다. 홍 대리는 정면 강단에 서서 자신감 있는 목소리로 연설하는 백 이사를 동료 MR들과 나란히 앉아 지켜보고 있었다. 백 이사에게는 확실히 사람을 끌어당기는 힘 같은 게 있어서 조는 사람 하나 없이 열심히 집중하고 있었다.

"이상으로 강연을 마치도록 하겠습니다."

— 짝짝짝짝짝!

마침내 짧지 않은 강연이 끝나자 강당이 떠나갈 듯 박수소리가 울려 퍼졌다. 박수 소리가 잦아들자 백 이사가 미소를 머금은 채 강당을 메운 사원들을 둘러보았다.

"궁금한 점이 있으신 분은 기탄없이 질문해주십시오."

"……."

일순간 강당 전체가 찬물을 끼얹은 듯 고요해졌다. 마치 선생님과 눈을 마주치고 싶어하지 않는 학생들처럼 그 많은 사원이 백 이사의 시선을 피하기에 급급했다.

백 이사가 쓴웃음을 지으며 물었다.

"제 강연이 너무 훌륭해서 질문할 내용조차 없는 건가요, 아니면 모두 딴 생각을 하느라 듣지 않은 건가요?"

여기저기서 낮은 웃음소리가 새어 나오다가 그마저 잠잠해질 무렵, 누군가 팔을 번쩍 쳐들며 박차고 일어섰다.

"질문 있습니다!"

그 용감한 사원에게 시선을 옮기던 백 이사가 씨익 웃었다.

"오, 병원영업부의 홍 대리, 어서 얘기해 보세요."

"흠흠."

좌중의 시선이 집중되자 살짝 긴장한 홍 대리가 목소리를 가다듬었다. 그러고는 이내 용기를 내어 씩씩하게 말했다.

"제가 담당하는 대학병원의 심장내과에 문 선생이란 분이 계십니다. 저는 문 선생을 상대로 우리 심혈관계 신약을 랜딩시키려고 노력했지만 그분은 자기 환자들에게 부작용이 생길지도 모른다면서 그걸 감수하면서까지 쓰고 싶지는 않다고 끝내 거절하셨습니다. 그래서 저는 이사님께 배운 기브 앤드 테이크 방식에 따라 문 선생께 무엇을 해드릴지 심각하게 고민하기 시작했습니다."

"호오, 그래서요?"

백 이사가 흥미롭다는 표정을 지었다. 백 이사뿐 아니라 양 부장을 비롯한 동료들은 물론 사장님까지 홍 대리를 쳐다보고 있었다.

"오랜 생각 끝에 저는 문 선생께 먼저 우리 신약이 부작용으로부터 안전하다는 임상실험 데이터를 드린 후, 처방을 요구하자는 결론에 도달했습니다. 안전할 뿐 아니라 판매에서도 앞서고 있으니 이것은 분명 문 선생께도 도움이 되는 정보라고 생각했지요. 문 선생은 우리 데이터를 검토하고 신뢰할 만하다는 사실까지도 인정했습니다. 그런데……."

이 부분에서 홍 대리가 잠시 말을 끊고 뜸을 들였다. 수많은 눈동자가 자신을 주목하고 있음을 느끼며 천천히 입을 열었다.

"그런데 결과는 참담한 실패였습니다. 이사님 말씀처럼 기브 앤드 테이크 방식에 충실했는데도, 이처럼 실패하는 경우는 대체 어떡해야 합니까?"

순간 강당 안이 조금 소란스러워졌다. 몇몇 MR이 홍 대리에게 동조하며 비슷한 경험을 떠들어댔기 때문이다.

한동안 소란을 방치하던 백 이사가 평범한 커피잔 하나를 들어 보이며 버럭 소리쳤다.

"모두 이 커피잔을 봐주십시오!"

순식간에 강당 안이 쥐죽은 듯 조용해지며 좌중의 시선이 백 이사의 손으로 쏠렸다. 백 이사가 의미심장하게 웃으며 홍 대리를 쳐다보았다.

"홍 대리, 이게 무엇입니까?"

"커피잔 아닙니까?"

"예, 이건 분명 커피잔입니다. 만약 홍 대리가 이 잔을 산다면 얼마나 지불하겠습니까?"

홍 대리가 눈을 크게 뜨고 잔을 뚫어져라 보았다. 아무리 들여다봐도 밋밋한 디자인의 평범한 잔일 뿐이었다.

"아무리 비싸게 잡아도 한 오천 원 정도? 아니, 삼천 원 정도밖에 내지 않을 것 같은데요."

"그렇군요, 홍 대리에게는 이 잔이 삼천 원 정도의 가치를 갖는군요. 그렇다면 누군가 이 잔을 삼십만 원에 산다면 믿을 수 있겠습니까?"

"에이, 그런 미친 사람이 있으려고요?"

과장되게 손사래를 치는 홍 대리를 향해 백 이사가 장난스럽게 웃었다.

"실은 내가 바로 그 미친 사람입니다. 이 커피잔을 삼십만 원이나 주고 구입했거든요."

"예에?"

"이 커피잔, 이래 봬도 꽤 유명한 도예가가 만든 작품입니다."

"에이, 설마요."

홍 대리는 백 이사가 농담을 하고 있다고 생각했다. 그러나 백 이사의 진지한 얼굴을 보고 그게 아님을 깨달았다.

"그, 그랬군요. 죄송합니다."

"아니, 아니, 죄송할 이유는 없지요. 내게는 이 잔이 삼십만 원의 가치가 있지만 홍 대리에게는 그 가치가 삼천 원 정도밖에 안 되는 것뿐이니까요. 그런데 왜 이런 차이가 생길까요? 그건 바로 가치가 주관적이기 때문입니다."

"가치는 주관적이다……?"

나직이 되뇌며 홍 대리는 고개를 갸웃했다.

"조금 더 쉽게 설명해줄까요? 홍 대리는 얼마 전 그곳 일반외과의 이 과장과 협상을 하여 성공한 적이 있죠? 그때 우리 회사의 약품을 처방한 경쟁 병원에서 환자가 늘었다는 데이터를 제시한 게 관건이었죠. 반면 심장내과 문 선생의 경우는 우리 회사의 신약이 부작용이 적다는 데이터를 제시했음에도 협상에 실패하고 말았습니다. 양쪽 다 객관적인 데이터로 승부를 걸었지만 이 과장은 그것에 가치를 느껴 성공했고, 문 선생은 가치를 느끼지 못해 실패한 셈입니다. 그 이유는 가치라는 것이 다분히 주관적이기 때문입니다. 따라서 그에 맞춰 협상의 방식도 달라져야 합니다."

홍 대리가 비로소 고개를 끄덕였다.

"이제야 무슨 말씀인지 알 것 같습니다."

"가치는 주관적이기에 단지 기브 앤드 테이크만 한다고 해서 반드시 협상에 성공하는 것은 아닙니다. 아무리 좋은 것을 쥐도 상대가 가치를 느끼지 못하면 쓸모가 없기 때문이죠. 결국 상대가 무엇에 가치를 느끼는지 잘 파악해서 그걸 주어야 한다는 말입니다."

홍 대리가 한숨 섞인 음성으로 말했다.

"제약영업에 관한 법이 바뀌어 MR이 의사에게 줄 수 있는 것이라곤 식사 대접 정도가 고작입니다. 가치를 느끼고 못 느끼고를 떠나 의사 선생에게 해줄 수 있는 게 많지 않습니다."

백 이사가 어느 정도 수긍한다는 투로 답했다.

"홍 대리 말에도 일리는 있군요. 하지만 그렇기 때문에 가치 판단 기준이 주관적이라는 것을 이해하는 것이 중요합니다. 제아무리 비싼 것을 주어도 제안을 거절하던 사람이 정성스럽게 준비한 꽃 한 다발에 승낙을 하기도 하죠. 요는 상대가 가치를 느낄 만한 무언가를 찾아내야 한다는 것입니다."

"상대가 가치를 느낄 만한 무엇이라……."

아직 명쾌한 해답을 얻지 못한 얼굴로 홍 대리가 천천히 자리에 앉았다. 동시에 강연도 끝이 났지만 이 일은 자신도 모르는 사이에 홍 대리라는 존재를 사장님을 비롯한 전 사원에게 알리는 계기가 되었다.

강연회가 끝나고 나서도 뾰족한 방법은 떠오르지 않았다. 문 선생이 가치를 느낄 만한 무언가를 찾아내지 못한 것이다. 매일 얼굴을 비치며 문 선생의 주변을 빙빙 맴도는 것이 그가 할 수 있는 전부였다.

그렇게 사나흘쯤 흐른 한낮, 그날도 홍 대리는 문 선생을 방문하기 위해 차를 몰고 우진대학병원을 향했다. 그런데 차를 대려고 지하 주차장으로 내려간 홍 대리는 그곳에서 뜻밖에 문 선생을 목격했다. 며칠은 밤을 샌 것처럼 초췌하기 그지없는 그가 헐레벌떡 자기 차로 향하고 있었다.

"문 선생님!"

차에 막 타려는 찰나 문 선생이 돌아보며 말했다.

"아, 홍 대리님, 오늘은 제가 좀 바빠서⋯ 다음에 뵙지요."

평소답지 않은 그의 모습에 뭔가 낌새를 챈 홍대리는 잽싸게 문 선생에게 달려갔다.

"아니, 많이 피곤해 보이시는데 그 상태로 운전을 하시려고요?"

"아⋯ 네, 오늘 천안에서 중요한 세미나가 있는데 진행을 맡아서 빠질 수가 없거든요."

"천안이요? 그렇게 장거리라면 진짜 무리이실 것 같은데……."

"어쩌겠어요. 간밤에 응급 환자가 있어서 호출됐거든요. 상태가 너무 급박해서 새벽에 수술을 시작했는데 이제 좀 안정이 되어서 뒷일을 맡기고 나오는 중입니다."

자초지종을 들은 홍 대리는 순간적으로 고민한 끝에 입을 열었다.

"문 선생님 뵈려고 가는 길이었는데 오히려 잘됐네요. 천안까지 제가 모실게요. 덕분에 저도 바람 좀 쐬겠는데요."

문 선생은 극구 사양을 했지만 홍 대리는 거의 반 강제로 그를 차에 태웠다.

"부담 갖지 마시라니까요. MR로서 선생님을 걱정하는 거야 당연한 일 아닙니까?"

뒷자리에 탄 문 선생은 홍 대리의 호의가 부담스러워서 그러는지 약속 시간에 늦을까 봐 걱정이 돼서 그러는지 안절부절 못해 하더니 출발한 지 얼마 되지 않아 잠이 들고 말았다. 안성쯤 지났을까? 정신없이 곯아떨어졌던 문 선생이 부시럭거리며 일어났다.

"이제 좀 괜찮으세요? 더 가야 되니까 좀 더 주무세요."

문 선생이 쑥스러운 듯 말했다.

"미, 미안합니다."

"천만에요. 덕분에 하늘도 보고, 산도 보고, 나무도 보고 아주 좋았습니다."

문 선생이 빙그레 웃었다. 홍 대리도 따라 웃었다.

"홍 대리님은 MR 몇 년 차나 되셨죠?"

"올해로 꼭 오 년째입니다."

"오래 하셨군요."

"신참 MR들이 보통 이삼 년을 못 버티고 퇴사하는 경우가 대부분이니까 중고참 정도는 된다고나 할까요?"

문 선생이 조금은 조심스럽게 물었다.

"그런데 어쩌다 MR이란 직업을 선택하게 된 겁니까?"

"글쎄요……."

잠깐 무언가 골똘히 생각하던 홍 대리가 입을 열었다.

"아버지가 일찍 돌아가시는 바람에 어머니가 홀로 저를 키우시느라 고생을 참 많이 하셨습니다."

"힘드셨겠군요."

"남의 집 허드렛일까지 하시며 고생하는 어머니를 보며 큰 인물은 못 되더라도 돈은 좀 벌어야겠다고 생각했습니다. 그래서 정해진 월급만 받기보다는 능력에 따라 인센티브를 받는 영업 쪽을 찾았는데 그중에서도 특히 전문성을 갖출 수 있는 제약사 MR을 택했죠."

왠지 씁쓸해 보이는 홍 대리의 옆얼굴을 물끄러미 응시하던 문 선생이 조용히 물었다.

"그래서, 돈은 좀 모으셨나요?"

홍 대리가 피식 웃었다. 창피해하는 것 같기도 하고 자조하는 것 같기도 한 웃음이었다.

"돈이 어디 생각처럼 모아지나요? 어머니는 아직도 고향에서 혼자 농사를 짓고 계시답니다."

"예에……."

문 선생이 고개를 끄덕였다. 그렇게 대화가 잠깐 끊긴 채 잠시 차창 밖 풍경을 보고 있던 그가 입을 열었다.

"홍 대리님 회사의 신약 말인데요."

"예?"

"홍 대리님이 건넨 브로슈어와 임상실험 결과를 종합해 보니 확실히 괜찮은 약인 것 같더군요."

홍 대리가 놀란 눈으로 문 선생을 돌아보았다. 더 이상 아무 말도 없었지만 그는 문 선생이 이번 약제심사위원회에서 자사의 신약을 밀어줄 것임을 직감할 수 있었다. 씨익 웃으며 홍 대리가 운전대를 힘주어 잡았다. 난공불락 같았던 문 선생이 이렇게 갑자기 마음을 열 줄은 상상도 못했다. 의외의 장소, 의외의 행동이 문제를 해결한 것이다.

새삼 가치는 주관적이라고 강변하던 백 이사의 얼굴이 떠올랐다. 신약 샘플이나 객관적 데이터 등 온갖 노력에도 꿈쩍 않던 그가 한 번의 따뜻한 배려에 마음을 움직이는 것을 보고 홍 대리는 새삼 깨달았다. 협상을 성공시키기 위해서는 여러 과정이 필요하다는 사실을.

"어이, 허풍선!"

그 며칠 후, 문 선생의 방문을 열고 나오는 홍 대리를 누군가 불렀다.

'또, 또 허풍선!'

인상을 화악 구기며 돌아서는 그의 앞에 나 대리가 불쑥 다가섰다. 나 대리는 평소의 그답지 않게 적의 가득한 눈으로 홍 대리를 쏘아보고 있었다.

'방귀 뀐 놈이 성낸다더니……!'

새삼 자신의 외제차에 도해를 태우던 나 대리의 모습이 떠올라 어금니에 힘이 들어갔다.

"이 병원에 심혈관계 약품을 랜딩시키려고 내가 얼마나 고생했는지 알아?"

나 대리는 아마도 문 선생으로부터 뭔가 언질을 받은 모양이었다.

"대체 어떻게 한 거야?"

"뭘 어떻게 해?"

나 대리가 눈을 가늘게 뜨고 따졌다.

"문 선생과 돈독한 관계를 맺기 위해 지난 수년간 노력해왔어. 그런데 몇 번 본 게 고작인 네가 도대체 어떻게 그 고지식한 선생을 구워삶은 거지?"

기존 거래처를 빼앗은 것과 마찬가지인 셈이니 미안할 만도 했지만 홍 대리는 상대가 상대니만큼 지지 않고 맞받아쳤다.

"그게 MR의 능력 아니겠어?"

"지금 능력이라고 했어?"

나 대리의 입가에 조소가 걸렸다. 허풍선이라는 별명으로 통하는 홍 대리 따위가 능력 운운하니 우습다는 표정이었다. 나 대리의 심보를 누구보다 잘 알고 있는 홍 대리가 단호히 말했다.

"그리고 앞으로 그 허풍선이란 별명 쓰지 않았으면 좋겠어. 듣기 좋은 말도 한두 번이라고. 사람이 왜 그렇게 남의 기분을 생각 않고 막 내뱉어?"

"뭐, 뭐라고?"

"문 선생님 건은 미안하게 됐어. 하지만 정당한 영업 활동이었으니 너무 섭섭해하진 말라고."

그 말을 끝으로 돌아서는 홍 대리의 등을 향해 나 대리가 소리쳤다.

"불법 리베이트를 제공했다가 적발되면 이 바닥에서 퇴출당

한다는 거 알지?"

홍 대리가 기가 막히다는 듯이 나 대리를 향해 돌아섰다. 홍 대리를 얕잡아 봐온 나 대리는 아마 리베이트 따윌 제공하지 않고서는 문 선생을 설득할 수 없었을 거라 확신하는 모양이었다.

나 대리의 도전적인 눈빛을 정면으로 받으며 홍 대리가 피식 웃었다.

"요즘 때가 어느 땐데, 리베이트 얘길 하냐? 너, 세상 물정 너무 모르는 거 아냐?"

"이익!"

인상을 험악하게 구기는 나 대리를 뒤로하고 홍 대리가 다시 돌아섰다. 나 대리에게 제대로 한 방 먹인 것 같아 짜릿했다.

고소를 머금고 걸어가는 홍 대리의 등 뒤에서 나 대리의 성난 고함 소리가 들렸다.

"두고 봐, 홍 대리! 그런 식으로 설치다 어떻게 되는지 내가 제대로 가르쳐줄 테니까!"

1. 설득과 협상의 차이

설득 상대방에게 일방적으로 무언가를 요구하는 방식.

협상 내가 얻고자 하는 것을 가진 상대방, 즉 협상의 대상이 무엇을 필요로 하는지를 파악하고, 그것을 주면서 내가 원하는 것을 요구하는 '기브 앤드 테이크' 방식. 상대방을 이기려는 것이 아니라 양측 모두 만족을 얻기 위해 서로의 차이를 조율하는 과정.

> * 설득이 아닌 협상을 해야 하는 이유
> 설득에 비해 협상에는 더 많은 노력과 시간 그리고 비용이 필요하다. 하지만 설득은 일방적으로 나만 얻고자 하는 방식이기 때문에 상대방으로 하여금 불만을 느끼게 해 관계가 지속되기 어렵다. 이에 비해 협상은 서로 만족을 얻는 방식이기 때문에 관계를 우호적으로 발전시켜나갈 수 있다.

2. 서로 '윈-윈'하는 협상이 가능한 이유

사람의 가치 기준은 제각각이다. 내게는 아주 소중한 것이 상대방에게는 그만큼의 가치가 없을 수도 있으며 그 반대일 수도 있다. 이것이 바로 양측이 모두 만족하는 협상이 가능한 이유다. 내가 상대방에게 줄 수 있는 것이 그에게는 내가 그로부터 받고자 하는 것만큼의 혹은 그 이상의 가치를 가질 수 있기 때문에 서로 교환이 가능한 것이다. 이로써 서로 만족스러운 결과를 내는 타협과 협상이 가능하다.

2장 성패의 8할은 테이블에 앉기 전에 결정 난다

일상의 모든 것이
협상이다

    단지 마음을 주는 것만으로 문 선생에게 큰 성과를 올린 홍 대리는 깨달은 바가 컸다. 특히 가치는 주관적이라는 사실을 체험으로 깨닫게 되면서 상대가 가치를 느낄 만한 무언가를 주어야 한다는 진리의 숨은 뜻을 이해하게 되었다. 더구나 저 혼자 잘난 줄 아는 나 대리를 상대로 얻은 성과인지라 기분이 더욱 좋았다.

    "어?"

    유쾌하게 사무실 문을 열고 들어오던 홍 대리가 멈칫했다. 막 밖으로 나가려던 도해와 딱 마주친 것이다. 홍 대리는 잠깐 멍하니 도해의 얼굴을 쳐다보았다. 며칠 떨어져 있는 사이 그녀는 더 예뻐진 것 같았다. 시간이 흐르면서 도해에 대한 섭섭함도 많이 옅어져 있었다. 무엇보다 나 대리처럼 옹졸한 인간에게 도해를 뺏길 수는 없다는 생각이 들었다.

홍 대리가 도해를 향해 어렵게 입을 열었다.

"저어, 도해야……."

"흥!"

하지만 도해는 그가 뭐라고 하기도 전에 쌀쌀맞게 콧방귀를 뀌며 나가버렸다. 멀어지는 도해의 뒷모습을 보며 홍 대리는 뭔가 수를 내야지 안 되겠다고 생각했다. 이런 식으로 말도 안 하고 남처럼 지내는 시간이 길어질수록 갈등의 골만 깊어질 것이다.

자리로 돌아온 홍 대리는 핸드폰을 꺼내 도해에게 전화를 걸었다. 그리고 오랜 설득 끝에 저녁 약속을 잡는 데 성공했다.

퇴근 후, 홍 대리는 회사 근처의 카페에서 도해와 마주앉아 있었다. 도해는 화난 사람처럼 한마디 말도 없이 얼음만 남은 아이스커피 잔에 빨대를 꽂고 얼음을 이리저리 굴리고 있었다. 그런 그녀를 뚫어져라 응시하던 홍 대리가 다짜고짜 머리부터 숙였다.

"지난번엔 내가 옹졸했어. 한 번만 용서해주라."

"흥, 알긴 아는 모양이네?"

"당연히 알지. 다시는 안 그럴 테니까 화 풀어라, 응? 응?"

홍 대리가 이렇게 나오자 도해의 표정도 조금은 누그러졌다.

"그러게 미안하다고 했을 때, 받아줬으면 좋았잖아. 남자가 쫀쫀하게 말이야."

"미안해."

"그리고 누구한테 헤프다는 거야? 여자 친구가 진심으로 사과하는데도 몰라주고……. 남자가 쪼잔해가지고는……."

기분이 풀려서인지 도해의 잔소리가 길어지고 있었다. 은근히 부아가 치밀었다. 사실 남자 친구에게 거짓말하고 다른 남자와 저녁 식사를 한 건 명백한 잘못이 아닌가.

끝도 없이 이어지는 도해의 잔소리를 듣던 홍 대리가 참지 못하고 그만 한마디를 툭 내뱉고 말았다.

"야, 그만해라. 솔직히 여자 친구가 다른 놈팽이 만나고 다니는데 어떤 남자가 좋아하겠냐?"

"……."

순간 도해의 목소리가 뚝 끊겼다. 뜨끔해진 홍 대리가 눈동자만 돌려 그녀 쪽을 봤다. 얼마나 화가 났는지 도해는 가을볕에 말린 고추처럼 시뻘겋게 변한 얼굴로 씩씩대고 있었다.

"내 말은, 그러니까 그런 뜻이 아니라……."

서둘러 수습해 보려 했지만 이미 때는 늦었다.

자리를 박차고 일어선 도해가 쌩하니 돌아서서 나가버렸다. 미처 붙잡을 생각도 못하고 멍하니 앉아 있는 그를 다른 손님들이 힐끔거렸다.

찬물을 벌컥벌컥 들이킨 홍 대리가 빈 컵을 쿵 내려놓으며 내뱉었다.

"관둬라, 관둬! 세상에 여자가 너 하나뿐이냐?"

말은 그렇게 했지만 조금만 더 참을걸 하는 후회가 밀려들어 쓴 입을 다셨다. 주변 사람들 모두가 자신을 바보라고 수군거리는 것만 같아 홍 대리는 고개를 떨어뜨렸다.

"거기, 홍 대리 아닌가?"

자신을 부르는 소리에 번쩍 고개를 들었다. 순간 창가 테이블에 앉아 이쪽을 향해 손을 흔들고 있는 백 이사가 보였다. 다른 사람도 아닌 백 이사에게 부끄러운 모습을 들켰다고 생각하니 쥐구멍이라도 찾고 싶은 심정이었다. 그렇다고 도망칠 수도 없는 노릇인지라 백 이사의 자리로 향했다.

백 이사의 맞은편 자리에 앉으며 홍 대리가 쑥스럽게 웃으며 물었다.

"이사님이 여긴 어쩐 일이십니까?"

"후배와 만나기로 했는데 차가 막혀 늦는다는군."

"예에…….."

홍 대리는 건성으로 고개를 끄덕였다. 최대한 빨리 이 자리를 벗어나고픈 생각뿐이었다.

"방금 전에 나간 아가씨, 같은 부서의 도도해 씨 맞지? 자네와 사귀는 모양이더군."

"예? 아, 예……."

당황하는 홍 대리의 얼굴을 물끄러미 보던 백 이사가 나직이 말했다.

"홍 대리, 우리의 모든 생활이 협상의 과정이야."

"무슨……?"

"의사와의 협상만 협상이 아니고, 애인이나 부모, 친구와의 관계에서도 협상이 필요하단 말일세."

"그, 그렇습니까?"

홍 대리가 떨떠름하게 대답했다. 아무리 멘토로 여기는 백 이사님이지만 비약이 좀 심하다 싶었던 것이다. 그의 마음을 알아차렸는지 백 이사가 씨익 웃었다.

"내 말이 틀린 것 같나?"

"뭐, 꼭 그런 건 아니지만……."

"자네, 학교 다닐 때 부모님께 용돈을 타서 썼지?"

"물론이죠."

"그때 부모님께 뭐라고 하고 돈을 타냈나?"

"그야……."

"혹시 이번 시험에서는 좋은 성적을 받겠다는 약속을 한다 거나 그러지 않았나?"

"예, 그랬던 것 같군요."

"그것 보게. 자넨 부모님이 가장 원하시는 좋은 성적을 제시 하고, 그 대가로 자네가 원하는 용돈을 받아냈어. 이 방식이 어 딘가 익숙하다고 생각하지 않나?"

"아……!"

순간 전광석화 같은 깨달음이 홍 대리의 뇌리를 스치고 지 나갔다. 눈을 크게 뜬 홍 대리의 얼굴을 똑바로 보며 백 이사가 말을 이었다.

"이처럼 우리는 아주 어렸을 때부터 누군가와 협상을 해오 고 있네. 자네가 부모님과 협상을 했듯이 애인과의 관계에서도 협상이 필요하단 말이지."

"사실은 말입니다……."

그제야 홍 대리는 도해와의 사이에 발생한 일련의 갈등을 솔 직히 털어놓기 시작했다. 묵묵히 듣고 있던 백 이사가 답답하 다는 표정을 지었다.

"홍 대리, 협상은 실질적 협상이 오가는 공식 석상에서만 하 는 게 아니야. 테이블에 앉기 전에 이미 80퍼센트는 성패가 결 정된다고 해도 무방하단 말일세."

"무슨 말씀이신지 잘 모르겠는데요."

"자네는 애인과의 화해, 즉 협상을 위해서 테이블에 마주앉았어. 그런데 여기 오기까지 대체 무슨 준비를 했나?"

잠시 생각하던 홍 대리가 조용히 답했다.

"솔직히 준비 같은 건 안 했는데요. 그냥 얼굴을 마주하고 앉아서 싹싹 빌 작정이었습니다."

"그래? 그래서 어떻게 됐지?"

"미안하다는데도 자꾸 지난 잘못을 들추며 잔소리를 늘어놓지 뭡니까? 결국 울컥하고 말았지요."

"그것 보게. 협상 전에 아무런 준비도 하지 못했기 때문에 결국 애인의 화를 푸는 데 실패하고 말았던 것이네. 애인이 무슨 말을 하든지 참아내자는 마음가짐을 갖추고, 또한 애인의 화를 풀어줄 여러 가지 방법을 미리 준비했다면 오늘 같은 일은 없었을 게야."

너무나 단순하게 생각했음을 깨달으면서 스스로가 참 한심하게 느껴졌다. 게다가 가만 생각해 보니 '세상에 여자가 너 하나뿐이냐'라고 중얼거린 말은 예전 김치독 원장을 설득하다 실패했을 때 했던 생각과 같은 맥락의 발상이었다. 왜 나는 실패를 반복하면서 나아지는 게 없을까……

"협상이란 건 배우면 배울수록 어려운 것 같습니다, 이사님."

답답한 표정으로 하소연하는 홍 대리를 보며 백 이사가 진중히 고개를 끄덕였다.

"맞네. 협상력을 갖춘다는 것은 결코 쉬운 일이 아니지. 아마 지금보다 훨씬 많은 노력이 필요할 거야."

일 층을 건너뛰고
이 층을 지을 순 없다

    집으로 돌아가는 홍 대리의 발걸음은 무거웠다. 오늘따라 콩나물시루처럼 발 디딜 틈 없는 퇴근길 지하철도 짜증스러웠고, 하나같이 지친 얼굴로 삶의 체취를 풀풀 풍기는 사람들도 싫었다.

    집으로 돌아온 홍 대리는 비좁은 원룸의 거실 창을 활짝 열어젖히고 시원한 맥주를 마셨다. 오렌지색으로 물드는 하늘을 보며 그는 백 이사를 떠올렸다. 백 이사는 우리의 모든 생활에 협상이 필요하다고 했다. 부모와 자식 간에도, 연인끼리도, 친구 사이에서도 협상을 해야 한다는 것이다. 무조건적인 신뢰와 정으로 엮여야 할 그런 원초적 관계들에서마저 협상이 필요하다면 너무 삭막하지 않을까? 단숨에 비운 캔을 우그러뜨리며 홍 대리는 자신이 아직도 백 이사의 말을 온전히 이해하지 못하고 있다는 생각이 들었다. 알 듯 모를 듯 협상력은 사막의 신기루처럼 눈앞에 나타났다가 홀연히 사라졌다.

신기루를 생각하자 자동적으로 도해의 얼굴이 떠올랐다. 그녀 역시 잡힐 듯이 잡히지 않고 있었다. 모든 것이 불안하고 불확실한 저녁이었다. 오늘밤은 분명 잠을 설치게 되리라.

어김없이 아침이 밝았다. 예상대로 잠을 설친 홍 대리는 그만 늦잠을 자고 말았다. 죽을힘을 다해 달려서 간신히 지각은 면했지만 와이셔츠가 흥건히 땀에 젖었다.

자리에 앉아 잠시 땀을 식힌 홍 대리는 슬쩍 고개를 돌려 도해의 자리를 보았다. 그녀는 화난 얼굴로 모니터만 뚫어져라 응시하고 있었다.

홍 대리는 무언가 결심한 얼굴로 프린터에 걸린 용지 한 장을 빼냈다. 그리고 펜으로 짧은 사과의 편지를 썼다. 지난밤엔 내가 옹졸했으며 다시는 그런 일 없을 테니 다시 예전의 관계로 돌아가자는 내용이었다. 작게 접은 편지를 손바닥 안에 감춘 홍 대리가 자리에서 일어섰다. 그리고 도해의 옆으로 천천히 다가갔다. 팀원들의 눈치를 살핀 그가 도해의 자판 위에 편지를 재빨리 던졌다. 도해가 힐끗 쳐다보자 홍 대리는 친근하게 웃어 보였다. 하지만 그녀의 얼굴은 얼음장 같았고, 무안해진 홍 대리는 재빨리 물러섰다.

자리로 돌아온 그의 눈에 편지를 읽는 도해의 모습이 들어왔다. 홍 대리는 초조함 속에 그녀의 반응을 기다렸다. 그런데 잠시 후, 그의 표정이 화악 일그러지고 말았다. 도해가 홍 대리를 한 번 째려보더니 편지를 꾸깃꾸깃 구겨 휴지통에 던져버린 것이다. 그는 그만 고개를 푹 떨구고 말았다. 아마도 도해는 홍 대리가 생각했던 것보다 더 화가 나 있는 모양이었다.

오전 내내 일손이 잡히지 않아 뻔질나게 옥상과 사무실을 오갔다. 다시 사무실 문을 열고 나가려던 홍 대리가 양 부장과 딱 마주쳤다. 그를 보자마자 양 부장은 눈부터 치떴다.

"홍 대리, 프레젠테이션 준비는 잘 되고 있겠지?"

"아, 물론이죠."

미심쩍은 눈으로 한동안 홍 대리를 훑던 양 부장이 얼굴을 바싹 들이밀며 으르렁거렸다.

"이번 우진대학병원 DC 건, 실패하면 각오해야 할 거야."

"……!"

갑자기 한기가 등골을 타고 내리는 느낌이었다. 연애 문제로 고민에 빠져 있을 때가 아니었다. 서둘러 자리로 돌아간 홍 대리는 도해에 대한 생각을 애써 떨쳐내고, 컴퓨터에 저장된 프레젠테이션 자료를 불러내어 다시 살피기 시작했다. 백 이사의 충고대로 그냥 외우는 것이 아니라 신약의 효능과 작용 공식들을 하나하나 이해하려니 머리가 빠개질 듯이 아팠다. 그래도 해야만 했다. 김 과장의 정식 취임은 며칠 앞으로 다가와 있었고, 이젠 정말 시간이 촉박했다.

'가만, 이 프레젠테이션이 정말 그렇게 중요할까?'

골머리를 썩이며 신약 자료에 집중하던 홍 대리는 문득 회의를 느꼈다.

사실 프레젠테이션 내용이란 게 대개 거기서 거기였다. 신약에 대한 정보는 이미 신약개발부에서 충분히 제공한 상태였고, 그걸 의사 선생들이 보기 좋게 정리만 하면 되는 것이다. 그의 경우만 해도 프레젠테이션으로 랜딩을 성공시킨 경우는 극히 드물었다. 그보다는 오히려 개인적인 친분이 도움된 경우가 많았다.

백 이사도 협상은 기브 앤드 테이크라고 하지 않았던가. 가치는 주관적이므로 상대가 가치를 느낄 만한 무언가를 찾아서 제공해야 하는 것이다. 사실 일반외과 이 과장과의 협상도, 심장내과 문 선생과의 협상도 프레젠테이션이 아니라 이러한 기브 앤드 테이크로 성공을 거두었다. 어쩌면 얼마 남지 않은 시간 동안 프레젠테이션 자료를 다듬을 것이 아니라 취임을 앞둔 김 과장에 대한 정보를 수집해서 그가 무엇에 가치를 느끼는지 찾는 게 빠를지도 모른다. 여기까지 생각이 미친 홍 대리는 컴퓨터를 끄고 서둘러 일어섰다.

우진대학병원으로 달려간 홍 대리는 김치독 과장에 대한 정보 수집을 재개했다. 물론 김 과장과는 개인병원 원장으로 있을 때부터 안면이 있는 사이였지만 무엇에 가치를 느끼는지까지 알려면 좀 더 깊숙이 파고들 필요가 있었다. 그러나 해당 과의 선생들을 만나고 간호사들과도 접촉해 봤지만 별 성과는 없었다.

"김치독 신임 과장님이오? 글쎄요, 아직 부임도 안 한 분에 대해서 어떻게 알겠어요?"

"굉장히 깐깐한 분이란 소문은 들었어요. 하지만 자세한 성격은 모르겠네요."

"어, 홍 대리가 그분에 대해 잘 알아? 정보가 있으면 좀 알려달라고."

새로 부임하는 과장에 대해선 오히려 그들이 더 궁금해하고 있었다. 어떻게 할까 고민하던 홍 대리는 김 과장이 개인병원을 운영할 때 같은 지역의사회에 소속돼 있던 선생을 찾아뵙기로 했다. 다행히 예전에 친분을 쌓아둔 선생 한 분이 김 과장과 절친한 사이라고 했다.

그런 식으로 까다로운 퍼즐을 맞추듯 김 과장에 대한 단편적인 정보를 수집하며 홍 대리는 이틀이란 시간을 흘려보냈다.

프레젠테이션까지는 이제 일주일도 남지 않았다.

'홍 대리가 잘하고 있는지 모르겠군.'

막 서광약품 CEO 및 임원들을 대상으로 협상 관련 강의를 마치고 사무실로 돌아온 백 이사는 홍 대리에 대해 생각하고 있었다. 가능성은 충분히 있어 보였지만 협상의 본질에 대한 이해가 부족한 친구였다. 하지만 그 저돌적인 적극성에 끌려 은연 중 도움을 주는 입장이 되고 보니 잘 하고 있는지 궁금하지 않을 수 없었다. 백 이사는 결국 병원영업부를 들러 보기로 했다.

병원영업부 문을 열고 들어간 백 이사는 황당한 표정을 짓고 말았다. 한창 프레젠테이션 준비로 바쁠 줄 알았던 홍 대리가 책상 앞에 앉아 핸드폰을 붙잡고 통화에 열중하고 있었기 때문이다.

"아, 최 원장님. 지난번에 부탁드렸던 김치독 선생님에 대한 정보가 궁금해서 전화 드렸습니다."

"안녕하세요, 양 선생님? 김치독 선생님과 막역한 사이시라고 들었습니다만."

"김치독 선생님 전문의 때 별명이 크레믈린이었다고요? 하하! 어쩐지 공감이 가는데요."

백 이사가 더 참지 못하고 차가운 음성으로 물었다.

"홍 대리, 자네 지금 뭐하는 건가?"

"아, 이사님? 언제 오셨습니까?"

"프레젠테이션 준비는 다 끝내고 이러고 있는 건가?"

홍 대리가 자신 있게 고개를 끄덕였다.

"지금 그 준비를 하고 있는 건데……."

"그래? 그런데 왜 내 눈에는 쓸데없이 전화통만 붙들고 있는 것처럼 보이지?"

그제야 홍 대리는 핸드폰을 내려놓고 딱딱하게 굳은 백 이사의 안색을 살폈다. 그러고는 왜 화를 내는지 도무지 모르겠다는 표정으로 말했다.

"이사님께서 협상은 기브 앤드 테이크라고 하지 않으셨습니까? 또 무작정 줄 것이 아니라 상대가 가치를 느낄 만한 무언가를 찾아야 한다고요."

"그래서?"

"그래서 열심히 김치독 과장님에 관한 정보를 수집 중입니다. 김 과장님에 대한 정보가 있어야 그분이 어떤 것에 가치를 느끼는지 알 수 있고, 기브 앤드 테이크를 통한 협상도 가능하지 않겠습니까?"

순진하게 웃는 홍 대리의 얼굴을 한동안 멍하니 보던 백 이사가 고개를 절레절레 흔들었다.

"자네 정말 한심하군."

"예?"

"홍 대리, 보험에 가입해 봤지?"

"무, 물론······."

"보험 하나를 들 때도 설계사한테 이것저것 물어 보지 않나? 이럴 때는 어떻게 되고 저럴 때는 어떻게 되는지, 다른 데 비해 혜택은 뭐가 있는지 등을 말이야. 그런데 만약 설계사가 약관 내용조차 헷갈려 하면서 질문에 대답하지 못하고 더듬거린다면 어떻겠는가? 그 사람한테 보험을 들고 싶겠냔 말일세."

"······."

아무 대꾸도 못하는 홍 대리를 향해 백 이사가 목소리를 약간 높였다.

"하물며 사람의 생명을 다루는 의사들이 약에 대한 기본 지식조차 갖추지 못한 MR을 믿어주겠나? 이건 기본의 문제란 말이지. 기브 앤드 테이크니 하는 본격적인 협상력의 발휘는 차후의 문제란 말일세."

"아, 죄송합니다."

그제야 잘못을 깨달은 홍 대리를 쏘아보며 백 이사가 쐐기를 박았다.

"자네 마음이 급한 건 알아. 그렇다고 기본을 무시해서는 아무엇도 이룰 수가 없지. 일 층이 없이 어찌 이 층, 삼 층을 쌓을 수 있겠는가?"

"제가 생각이 짧았습니다, 이사님."

홍 대리는 거듭 사과했다. 사무실에 있던 팀원들의 시선이 두 사람에게 집중되었다. 책상에 앉아 결산서를 정리하던 도해와 막 외근에서 돌아오던 양 부장도 홍 대리와 백 이사를 지켜보고 있었다. 모두들 자신을 비난하는 것만 같아 홍 대리는 어찌할 바를 몰랐다.

백 이사가 그를 나직이 불렀다.

"홍 대리."

"예, 이사님."

"며칠 전 강당에서 용기 있게 질문했듯이 자네에겐 가능성이 보여. 하지만 그것을 진짜 자네의 역량으로 만들려면 뼈를 깎는 노력이 필요할 것 같네."

"명심하겠습니다."

연신 머리를 조아리는 홍 대리를 보는 백 이사의 눈빛엔 실망한 기색이 역력했다.

— 쿠웅!

백 이사가 나가면서 거칠게 닫은 문소리가 비수가 되어 홍 대리의 가슴을 찔렀다. 창백한 얼굴로 서 있는 홍 대리를 째려보며 양 부장도 한마디 했다.

"이번 건 실패하면 각오하라는 말, 절대 농담 아니야."

그 말만 남기고 양 부장도 자신의 방으로 들어가버렸다. 고개를 숙이고 있던 홍 대리가 동정을 구하듯 도해를 쳐다보았다. 하지만 그녀도 홍 대리와 눈을 마주치려 하지 않았다. 망망대해에 홀로 떠 있는 섬이 된 기분이었다.

의자에 털썩 주저앉은 홍 대리는 양손으로 머리를 감쌌다. 그리고 곧 책상에 어지럽게 널려 있는 자료들을 차곡차곡 정리하기 시작했다. 생각해 보니 백 이사의 말이 백 번 옳았다. 협상의 쟁점에 관련된 지식부터 완벽히 갖춘 이후에야 기브 앤드 테이크도 가능한 것이다.

'왜 나는 같은 실수를 반복하는 걸까?'

스스로가 너무 한심하게 느껴졌지만 그렇다고 간신히 붙잡은 기회를 포기할 수는 없었다. 그것은 곧 삶 자체를 포기하는 일이 될지도 모른다.

'그래, 지금부터라도 정신을 똑바로 차리고 해 보자!'

어금니를 깨물며 홍 대리가 다시 프레젠테이션 자료에 시선을 박았다.

그런 홍 대리를 도해가 조금은 측은한 눈으로 바라보고 있었다.

퇴근 후, 백 이사는 회사 임원 몇몇과 호텔 식당에서 저녁식사 겸 회동을 가졌다. 자리가 끝나고 모두 흩어지고 나자 그는 호텔 입구에 서서 잠시 생각에 잠겼다. 백 이사를 고민에 빠지게 만든 장본인은 다름 아닌 병원영업부의 어리바리 MR 홍 대리였다. 팀원들이 지켜보는 앞에서 심하게 몰아붙인 것이 내내 마음에 걸렸던 것이다.

'이 친구 낙담하고 있는 건 아닌지 모르겠군.'

잠시 고민하던 백 이사는 결국 택시를 잡았다. 회사 앞에 도착해 내려 건물을 올려다보니 과연 기대를 저버리지 않고 병원영업부 사무실에 불이 켜져 있었다. 한밤중 오가는 사람도 없는 텅 빈 거리에서 백 이사는 사방을 두리번거렸다. 만두 찌는 찜통에서 김이 모락모락 피어오르는 분식집을 발견하고는 문을 열고 들어갔다. 그리고 만두와 떡볶이 등 간식거리를 샀다. 늦은 시간까지 프레젠테이션을 준비하고 있을 홍 대리를 위해서였다.

백 이사가 간식 봉투를 들고 병원영업부 문을 밀치고 들어갔을 때, 홍 대리는 소파에 누워 잠들어 있었다. 그의 까칠한 얼굴을 보고 백 이사는 홍 대리가 자신의 충고를 받아들였음을 직감했다.

소파 테이블 위에 봉투를 내려놓는 소리에 홍 대리가 꿈틀거리며 실눈을 떴다. 빙긋이 웃고 있는 백 이사를 알아보고는 후다닥 일어나 앉았다.

"이, 이사님?"

"저녁은 먹고 하는 건가?"

백 이사가 플라스틱 용기에 담긴 만두와 떡볶이 등을 펼쳐놓으며 묻자, 홍 대리가 쑥스럽게 웃었다.

"아직 못 먹었습니다."

"그럴 줄 알고 간식을 좀 사 왔지. 이거라도 들고 하게."

"고맙습니다."

평소의 쾌활한 성격답지 않게 묵묵히 만두를 씹는 홍 대리를 보며 백 이사가 친근한 목소리로 말했다.

"자네를 보고 있으면 내 젊은 시절이 생각 나. 그땐 나도 협상이 무엇인지조차 몰라 고생을 참 많이 했지."

"예에, 이사님이요?"

입에 만두를 문 채 홍 대리가 눈을 동그랗게 떴다.

"왜, 안 믿어지나?"

"당연하죠. 저는 이사님이 태어날 때부터 협상력을 가지고 나오신 분인 줄 알았습니다."

"허허. 세상에 그런 사람이 있겠는가? 협상력도 다른 기술처럼 후천적인 노력에 의해 얻어지는 거라네. 그래서 자네에게도 아직 희망이 있는 것이지."

"예에……."

"홍 대리."

백 이사가 정색하며 부르자 홍 대리가 고개를 들었다. 그의 눈을 들여다보며 백 이사가 차분한 어조로 말했다.

"도전은 젊음의 특권이라고 하지 않나. 조금 삭막하지만 우리가 사는 세상을 검투장이라고 한다면 자넨 협상력이라는 평생 사용할 무기를 벼리는 중일세. 죽지 않고 살아남으려면 포기해서도 안 되고, 포기할 수도 없지. 내 말 무슨 뜻인지 알겠는가?"

한동안 백 이사의 얼굴을 뚫어져라 응시하던 홍 대리가 모처럼 활짝 웃었다.

"예, 이사님."

"그래, 그래야지."

"이사님도 좀 드십시오. 만두 맛이 아주 끝내줍니다."

"그래? 그럼 딱 하나만 먹어 볼까?"

서로의 얼굴을 마주보며 맛있게 만두를 먹는 두 사람의 얼굴에 절로 미소가 그려졌다.

때가 무르익길 기다려라

　프로젝터에서 쏟아진 빛이 흰 벽면에 신약의 작용기제를 설명하는 복잡한 화학식을 비추고 있다. 레이저포인터로 화학식을 짚으며 유창하게 프레젠테이션을 진행하고 있는 사람은 바로 홍 대리였다. 그의 정면에는 심장내과 김치독 과장과 십여 명의 전문의가 앉아 귀를 기울이는 중이었다. 그들의 얼굴에 떠오른 만족감을 확인하며 홍 대리는 뿌듯한 기분을 느꼈다.

　"홍 대리! 이봐, 홍 대리!"

　이때 멀리서 자신의 이름을 부르는 소리가 들렸다.

　'어떤 무식한 작자가 한창 프레젠테이션 중인 사람을 불러대고 난리야.'

　오만상을 하며 눈을 뜬 홍 대리는 자신을 빤히 내려다보는 최 대리와 이 대리의 얼굴을 멍하니 보았다. 몇 초의 시간이 흐른 후에야 자신이 꿈을 꾸고 있었음을 알아챘다.

최 대리가 어깨를 툭 치며 말했다.

"오늘 우진대학병원에서 프레젠테이션 한다고 하지 않았어? 벌써 아홉 시라고."

"아, 아홉 시?!"

놀란 홍 대리가 소파를 박차고 일어났다. 해는 벌써 중천에 떴고 막 출근한 팀원들이 업무 준비를 하는 모습이 보였다. 지난 며칠간 사무실에서 밤을 샌 탓에 피로를 이기지 못하고 기절한 듯 잠들어버린 모양이었다.

'오후 두 시에 프레젠테이션이니까 집에 들러 옷을 갈아입은 후, 자료를 한 번 더 훑어볼 시간은 되겠군.'

입을 쩍 벌리고 하품을 하며 홍 대리가 노트북과 레이저포인터 등을 챙겼다. 그리고 사무실 문을 열고 나갔다.

"홍 대리?"

사무실 입구에서 백 이사와 마주쳤다.

"이사님, 아침부터 웬일이십니까?"

백 이사는 아무 말도 않고 홍 대리를 위아래로 훑었다. 그의 표정이 조금씩 굳어짐을 느끼며 홍 대리가 걱정스럽게 물었다.

"왜… 그러시죠?"

"지금 그 몰골로 프레젠테이션을 하러 가겠다는 건가?"

"아니, 집에 들러서 얼른 갈아입고 오려고요."

백 이사의 목소리가 너무 커서 홍 대리는 저도 모르게 엉거주춤한 꼴이 되었다. 소파에서 새우잠을 자느라 와이셔츠가 쭈글쭈글해졌지만 그건 집에서 갈아입으면 될 일이었다.

하지만 백 이사의 생각은 전혀 달랐다. 옷차림도 문제였지만 일단 홍 대리의 얼굴이 말이 아니었다. 퀭하니 충혈된 눈에 까칠한 수염, 무엇보다 피로에 찌들어 윤기 없는 낯빛이 비호감이었던 것이다.

백 이사가 한숨 섞인 음성으로 물었다.

"홍 대리, 자네 김치독 과장과 안 좋게 끝난 이후 처음 만나는 거지?"

"그렇습니다만."

"그럼 조금 더 신경을 써야 하지 않을까?"

"……."

무슨 말인지 모르겠다는 홍 대리의 얼굴을 보며 백 이사가 말했다.

"협상이란 결국 상대와의 관계를 어떻게 맺느냐인데, 이때 결정적인 것이 바로 첫인상이야."

"네에……."

평소 외모에 그다지 신경을 쓰지 않는 편이었지만 오늘은 중요한 날이었기 때문에 고개부터 끄덕였다.

"협상 전문가로서 다년간 경험한 바에 의하면 큰 사업을 하는 사람들은 겉모습에 크게 신경을 쓰지 않아. 하지만 의사 같은 전문직 종사자들은 깔끔한 외모를 선호하지. 자네 역시 최대한 깔끔하게 하고 가야 좋은 첫인상을 줄 수 있지 않겠나?"

"네, 알겠습니다."

"프레젠테이션이 몇 시부터라고 했지?"

"오후 두 시부터입니다."

백 이사가 손목시계를 들여다보았다.

"흐음, 아직 시간 여유가 있군. 와이셔츠도 새로 사 입고, 근처 사우나에 가서 깨끗이 씻은 후 출발하도록 하게."

"알겠습니다, 이사님!"

씩씩하게 대답한 홍 대리가 사무실을 나섰다.

그런 홍 대리의 뒷모습을 보며 백 이사가 불안한 듯 중얼거렸다.

"잘 해낼 수 있겠지……?"

사우나에 간 홍 대리는 일단 찬물로 샤워부터 했다. 머리끝에서부터 찬물이 쏟아지자 지난 며칠간의 피로가 말끔히 씻겨 내려가는 기분이었다. 탈의실로 나온 홍 대리는 사우나에 딸려 있는 이발소에서 머리도 다듬고 수염도 깨끗이 깎았다.

이발소의 거울을 통해 생기를 되찾은 얼굴을 확인하며 홍 대리는 이번에도 백 이사의 말이 옳았다고 생각했다. 얼굴이 말끔해지니 우선 스스로 자신감이 생겼다. 얼굴 전체에 로션을 정성스럽게 바르고, 새 와이셔츠로 갈아입은 후 반짝반짝 빛나는 구두를 신고 기분 좋게 사우나를 나섰다.

약속 시간보다 삼십 분쯤 먼저 병원에 도착한 홍 대리는 심장내과 과장실부터 방문했다. 사실 프레젠테이션을 실시하기 전에 김치독 과장님을 찾아뵙고, 지난 잘못에 대해 사과부터 하는 게 순서였다. 그런데 약제심사위원회 일정상 부임 직후부터 김 과장에게는 각 제약회사들의 프레젠테이션이 줄줄이 대기하고 있었다. 그래서 따로 인사를 드릴 여유가 없었다. 시간내기 힘든 건 홍 대리도 마찬가지여서 차라리 사전에 만나 명분 안 서는 사죄부터 하기보다 프레젠테이션에 최선을 다하는 것이 더 나을지도 모르겠다고 생각한 터였다.

그래도 오늘은 대면해야 할 당일이므로 간단하게 인사라도 먼저 드리고 싶었다. 홍 대리가 찾아갔을 때 김 과장은 자리에 없었다. 내과 전문의 선생들과 간단히 미팅을 마친 후 곧장 회의실로 갔다는 것이다.

'프레젠테이션 전에 미리 만나뵈었어야 하는데…….'

홍 대리는 그렇게 찜찜한 마음을 안고 바짝 긴장을 한 채 프레젠테이션 장소인 8층 회의실로 향했다.

널찍한 내과 회의실 정면 벽에는 큼직한 스크린이 걸려 있었다. 홍 대리는 지난번 리허설 때와 마찬가지로 노트북 키보드를 조종해가면서 준비한 자료를 스크린에 영사시켰다. 그러고는 유창한 언변으로 신약의 작용기전을 설명하고 가끔씩 화학식과 도표 등을 강조해 보여주기도 했다.

"저희 회사의 신약은 신장으로 가는 아데노신 매개 수축을 차단하고, 신장에 의한 소금과 물의 재흡수를 억제함으로써 응혈성 심부전 환자에서 소변 량을 증가시키며 신장 기능을 유지시키는 작용을 합니다. 또한 신장 기능 보존을 도울 뿐 아니라 ……."

신약의 작용과 효능에 대해 열심히 설명하는 동안 홍 대리의 시선은 자꾸 김 과장에게로 쏠렸다. 김 과장은 십여 명의 전문의와 함께 중간쯤에 회의용 테이블에 비스듬히 앉은 채 별다른 기색 없이 듣고 있었다. 그런데 어느 순간부터인가는 그다지 귀기울여 듣는 것 같지가 않았다. 볼펜을 쥔 손가락을 까딱까딱하거나 옆자리 선생과 귓속말을 나누는 등 조금씩 산만해졌다. 그 사람은 별뜻 없이 하는 행동인지 모르지만 홍 대리는 무척 신경이 쓰였다.

'역시 어떻게든 미리 찾아뵀었어야 하는 건가?'

어쩌면 자신에 대한 김 과장의 적대감을 과소평가했는지도 모른다는 데 생각이 미치자 홍 대리의 이마에 송글송글 땀방울이 맺히기 시작했다. 목소리가 떨리고, 말까지 더듬었다. 스크린에 떠오른 화학식들이 뒤죽박죽이 되는가 싶더니, 결국 레이저포인터로는 임상실험 결과를 가리키면서 입으로는 다른 얘기를 하는 어처구니없는 실수까지 저질렀다.

결국 홍 대리는 애써 준비해두었던 마무리 인사말을 기억해내지 못해 애를 쓰다가 어정쩡하게 마치고 말았다.

"……."

회의실에 무거운 정적이 흘렀다. 온몸이 땀투성이가 된 그는 입을 굳게 다문 김 과장과 전문의들을 멍하니 보았다. 김 과장의 입꼬리가 슬쩍 말려 올라간 듯했지만 원래 버릇인지 자신을 비웃는 것인지 판단이 서질 않았다.

'이렇게 끝나고 마는 것인가?'

이번 신약 랜딩에 실패하면 우진대학병원을 맡길 수 없다던 양 부장의 얼굴이 떠올랐다. 프레젠테이션을 준비하는 동안의 고생도 주마등처럼 스쳐갔다. 조급해진 그는 참지 못하고 김 과장을 향해 머리를 조아리며 말했다.

"이번 DC에서 저희 신약이 처방약 리스트에 오를 수 있도록 도와주십시오, 과장님. 저희 서광약품 전 직원이 사활을 걸고 만든 최고의 약입니다."

"헛 참."

김 과장이 기가 막힌 듯 실소를 흘렸다. 주변 선생들까지 별 희한한 친구를 다 보겠다는 표정으로 따라 웃었다. 홍 대리는 이제 정신이 하나도 없었다. 몇 분의 시간이 억겁처럼 흘렀다. 김 과장이 자리에서 일어서자 나머지 선생들도 재빨리 따라 일어섰다.

김 과장과 선생들이 회의실 문을 열고 나가는 모습을 홍 대리는 무기력하게 바라보며 서 있었다.

백 이사는 오후 내내 자신의 방에서 다음 교육 커리큘럼을 계획하고 있었다. 기지개를 켜며 잠시 몸을 풀던 그는 문득 홍 대리를 떠올렸다.

'지금쯤 끝났을 텐데?'

막 벽시계를 쳐다보는데 노크 소리가 들렸다.

"들어와요."

말이 떨어지자마자 천천히 문이 열리며 홍 대리가 들어섰다.

'에그, 저런…….'

홍 대리의 얼굴을 보는 순간 백 이사는 프레젠테이션이 실패로 끝났음을 직감했다. 홍 대리는 당장 눈물이라도 쏟을 것 같은 얼굴을 하고 있었다.

책상 앞으로 다가온 홍 대리는 한동안 아무 말도 하지 못했다. 백 이사가 천천히 자리에서 일어나 그의 앞으로 다가갔다. 그리고 큰 잘못을 저지른 어린애 같은 표정을 짓는 홍 대리의 팔을 잡고 소파로 이끌었다.

"자, 일단 앉아서 얘기하지."

백 이사와 마주 앉고도 홍 대리는 충격에서 벗어나지 못하는 것 같았다.

한참이 흐른 후에야 백 이사가 조심스럽게 물었다.

"만족스럽지 않았던 모양이지?"

"그게……."

"홍 대리, 사람은 누구나 실패할 수 있네. 중요한 건 실패의 원인을 냉정히 진단해서 반복하지 않는 것이지. 괜찮으니 진정하고 말해 보게."

"그게 그러니까……."

홍 대리가 풀죽은 목소리로 프레젠테이션 과정을 소상히 설명하기 시작했다. 김 과장이 자신을 일부러 무시하는 듯한 행동을 했다는 대목에 이르러서는 목소리가 가늘게 떨렸다. 마지막 순간 홍 대리의 음성이 조금 높아졌다.

"물론 저도 잘못했지만 이번 프레젠테이션이 실패한 데는 김치독 과장의 책임이 큽니다. 김 과장이 저에 대한 악감정을 그렇게 노골적으로 드러내지만 않았어도 그런 어처구니없는 실수는 하지 않았을 겁니다."

억울함이 가득한 홍 대리의 얼굴을 보며 백 이사가 나직이 말했다.

"홍 대리는 우선 자기 자신부터 알아야 할 것 같군."

"예?"

의아한 표정을 짓는 홍 대리를 향해 백 이사가 부드러운 표정을 지어 보였다.

"자네 입장에서는 김 과장이 프레젠테이션을 성실하게 받아주지 않았으니 당황할 수밖에 없었겠지. 하지만 뒤집어 생각해 보면 김 과장이 자네에게 호의적이지 않으리란 건 이미 예상했던 일이 아닌가?"

"그렇긴 합니다만……."

"협상에 능통한 사람도 스트레스 상황에선 실수를 저지른다네. 그렇기 때문에 흥분하거나 압력을 받을 때 자신이 어떻게 행동하는지 파악해야만 하네. 자네의 경우는 김 과장에게 스트레스를 받자 말을 더듬고 식은땀을 흘리는 등 당황하고 위축되지 않았나?"

"확실히 그랬던 것 같습니다."

"김 과장은 자네에게 우호적이지 않을 가능성이 충분했지? 이걸 알고 있었다면 그런 상황이 닥쳤을 때 자네가 어떤 반응을 보이게 될지도 생각해뒀어야 하지 않을까?"

"아······!"

그제야 홍 대리는 무슨 말인지 알아듣겠다는 듯 눈을 크게 떴다. 그런 홍 대리를 향해 백 이사가 힘주어 말했다.

"그랬다면 조금은 덜 당황하지 않았을까?"

"그래서 자기 자신부터 알아야 한다고 하셨군요."

"그렇지."

입을 굳게 다문 홍 대리가 잠시 생각에 잠겼다. 돌이켜보니 자신은 김 과장의 비우호적인 태도에 지나치게 당황하고 위축됐었다. 만약 그런 상황이 벌어질 경우 자신이 어떤 반응을 보일 것인지만 미리 생각했어도 그렇게까지 헤매진 않았을 것이다.

'한 단계만 더 생각했더라면······!'

아쉬운 표정을 짓는 홍 대리의 어깨를 툭 치며 백 이사가 말했다.

"자네 종일 아무것도 못 먹었지? 일단 나가서 요기부터 하세."

계절은 어느새 한여름으로 치닫고 있었다. 낮 동안 뜨겁게 달궈진 거리는 해질 무렵이 되자 오히려 더 후덥지근했다. 홍 대리는 백 이사를 따라 지열이 이글이글 피어오르는 거리를 걸었다. 터벅터벅, 걸음에는 힘이 하나도 없었다.

"이 집으로 들어가지."

백 이사가 홍 대리를 이끈 곳은 회사 근처의 유명한 삼계탕

집이었다. 아직 저녁시간 전이었지만 넓은 식당 안은 손님들로 가득했다. 백 이사가 삼계탕 두 그릇을 시켰다. 인삼과 대추가 들어가 맛깔스러워 보이는 삼계탕을 앞에 놓고도 홍 대리는 선뜻 숟가락을 들지 못했다. 백 이사 말대로 하루 종일 아무것도 먹지 못했지만 이상하리만치 식욕이 없었다.

"입맛이 없더라도 일단 먹어두게. 실패를 만회하려면 힘이 있어야지."

백 이사가 거듭 권하자 홍 대리는 마지못해 국물을 몇 숟갈 떠 넣었다. 그런 그를 물끄러미 보던 백 이사가 물었다.

"그래, 프레젠테이션이 끝나고 곧장 인사하고 나왔나?"

홍 대리가 힘없이 고개를 흔들었다.

"어떻게 준비한 프레젠테이션인데 그냥 포기합니까? 김 과장님께 우리 신약을 써달라고 읍소를 했지요."

"그랬더니 뭐라고 하던가?"

홍 대리의 입가에 자조적인 웃음이 걸렸다.

"한마디로 비웃음만 사고 말았습니다."

"흐음……."

백 이사는 한동안 말없이 신음을 흘렸다.

잠시 후, 그가 안타까운 표정으로 말했다.

"홍 대리, 자네가 또 한 가지 실수를 저지른 것 같네."

"그게 무슨 말씀이십니까?"

"아무리 난처했다 한들 애원하듯 우리 약을 써달라고 한 건 너무 성급한 제안이었네."

"……."

입맛이 사라진 듯 숟가락을 내려놓는 홍 대리를 보며 백 이사는 잠시 망설였다. 하지만 실수를 확실히 짚고 넘어가야 같은 실수를 반복하지 않을 것이다.

"자네는 프레젠테이션으로 김 과장과의 신뢰 관계를 회복하는 데 실패했네. 신뢰 관계가 형성되지 않은 상태에서 무작정 우리 신약을 써달라고 했으니 먹힐 리가 없지. 게다가 모든 제안에는 충분히 생각할 시간이 주어져야 하네. 생각할 시간도 주지 않고 그 자리에서 결정을 내려달라고 강요하는 것보다 어리석은 짓은 없지. 결국은 타이밍의 문제라는 얘길세. 프레젠테이션을 통해 신뢰를 쌓고, 충분한 시간을 두고 성향을 파악하고, 상대방이 내 협상 제안을 받아들일 준비가 되었을 때 비로소 제안을 해야 하는 걸세."

"예에……."

백 이사의 지적은 구구절절 옳았지만 홍 대리에게는 너무나 추상적으로만 들렸다.

"얼마 전 카페에서 도도해 씨와 다툴 때도 비슷한 상황이었어. 그때도 자네는 도해 씨가 화를 풀 시간도 주지 않은 채 무조건 화해부터 하자고 제안하지 않았나?"

"후-우-우."

도해의 이름이 나오자 홍 대리 입에서는 절로 한숨이 새어나왔다. 그런 홍 대리를 향해 백 이사가 위로조로 말했다.

"홍 대리, 고민은 선택의 여지가 있을 때 하는 거야."

"예?"

"자넨 우진대학병원에 반드시 우리 신약을 랜딩시켜야 해. 그렇지 않나?"

"맞습니다. 실패하면 다시 개인병원 담당으로 밀리고 말 겁니다."

"결국 자네에겐 선택의 여지가 없어. 그런데 왜 고민하지?"

"으음……."

신음을 흘리는 그를 백 이사가 똑바로 쳐다보았다.

"오늘의 실패는 깨끗이 잊고, 내일부터 다시 김치독 과장과 협상을 재개하게. 물론 프레젠테이션까지 망쳤으니 이전보다 더욱 힘이 들겠지. 하지만 포기하지 말고 차근차근 인간적인 신뢰 관계부터 회복해간다면 반드시 길이 열릴 거야."

잠깐 깊은 생각에 잠겨 있던 홍 대리가 마침내 결심을 굳힌 듯 고개를 끄덕였다.

"알겠습니다, 이사님. 처음부터 다시 시작하는 기분으로 도전해 보겠습니다."

"당연히 그래야지. 나도 힘닿는 데까지 도울 테니 기운 내게."

홍 대리의 스터디 노트

1. 탄탄한 소양을 갖춘 이후에 협상을 논하라

협상을 성공으로 이끌기 위한 대전제는 신뢰이며, 그 신뢰는 내가 가진 전문적 소양으로부터 출발한다. 상대방에게 내가 믿고 함께할 만한 사람이라는 신뢰를 준 이후에 비로소 서로 만족스러운 협상을 이끌어낼 수 있다.

2. 위기 상황에서 스스로의 변화를 파악하라

협상 전문가도 협상 석상에서 스트레스를 받다 보면 실수를 저지를 때가 있다. 평상시에는 잘하다가도 입장이 불리해졌을 때, 위기가 닥쳤을 때, 화가 나거나 흥분했을 때 스스로를 통제하는 능력이 저하되는 것은 전문가라 해도 마찬가지이기 때문이다. 위기 상황에서 자신이 어떤 반응을 보이는지 인지하고 있는 것만으로도 분위기나 기분에 휩쓸려 무모한 행동을 하는 것을 방지할 수 있다.

3. 협상을 위한 전 단계를 충실히 밟아라

신뢰를 쌓고, 내가 원하는 것을 얻기 위해 상대방이 원하는 것을 알아낸 후, 상대방에게 무엇을 줄 수 있는지 파악하고, 이를 제시하고 이해시킨 이후 본격적인 제안에 돌입해야 한다. 협상의 성패는 테이블에 앉기 전에 80퍼센트가 결정 난다.

3장

사람을 읽으면 협상의 답이 보인다

협상형 유형 파악 프레임을 익혀라

  이튿날 오전 이른 시각, 홍 대리는 다시 우진대학병원 김치독 과장의 방 문앞에 서 있었다. 그런데 그의 모습이 평소와는 조금 달랐다. 시력이 나쁜 것도 아닌데 심플한 디자인의 도수 없는 안경을 쓰고 있었다. 안경만이 아니었다. 세련된 양복 차림에 노트북 가방까지 어깨에 멨다. 이렇게 차려 입고 보니 그도 제법 지적으로 보였다.

  홍 대리가 이처럼 변화를 시도한 것은 다 생각이 있어서였다. 백 이사는 성급하게 제안하지 말고 김 과장과의 신뢰관계부터 회복하라고 충고했다. 하지만 평소 차갑고 냉철한 김 과장과 무작정 사람 좋은 홍 대리는 물과 기름처럼 잘 맞지가 않왔다. 그래서 홍 대리는 겉모습이라도 일단 김 과장에게 최대한 맞춰 보기로 한 것이다.

크게 심호흡을 한 홍 대리가 방문을 노크하자 안쪽에서 귀에 익은 목소리가 들렸다.

"들어와요."

방문을 열고 들어간 홍 대리는 열심히 모니터를 들여다보고 있는 김 과장을 향해 꾸벅 머리를 숙였다.

"안녕하십니까, 과장님?"

"응, 누구시더라?"

김 과장은 순간적으로 홍 대리를 알아보지 못하는 듯했다.

"접니다, 홍 대리."

홍 대리가 빙긋 웃으며 책상 앞 의자에 앉았을 때에야 비로소 알아보았다.

"난 또 누구라고……."

겉모습이 바뀌었다고 김 과장이 홍 대리를 반길 리는 없었다. 눈도 마주치지 않고 바쁘다는 듯이 모니터에 뜬 차트만 들여다보았다.

"홍 대리, 오늘은 내가 좀 바쁜데……."

"딱 십 분, 아니 오 분만 시간을 내주십시오."

"후우, 그래 오늘은 또 무슨 일 때문에 그러는가?"

"제가 어제 프레젠테이션을 망치는 바람에 저희 심혈관계 신약에 대해 제대로 설명조차 못 드리지 않았습니까? 그래서 다시 찾아뵈었습니다."

최대한 부드럽게 웃으며 홍 대리가 노트북을 펼쳤다. 엔터키를 누르자 노트북 화면에 신약의 작용과 효능에 대한 자료가 죽 떠올랐다.

노트북을 김 과장 쪽으로 향하며 홍 대리가 말했다.

"부담 갖지 마시고 들어주십시오, 과장님."

김 과장은 홍 대리를 싹 무시한 채 여전히 차트에 시선을 주고 있었다. 그런 김 과장을 향해 홍 대리가 신약의 우수성에 대해 계량적 수치와 실제적 자료를 바탕으로 설명하기 시작했다. 평소 같으면 간간이 농담도 섞었을 테지만 오늘만은 진지한 태도를 유지했다.

"프레젠테이션 때도 말씀드렸지만 저희 신약은 경쟁사의 약품에 비해 효능이 월등합니다. 천여 명의 환자를 대상으로 실시한 임상실험 결과 대부분의 경우 혈압을 감소시키는 것으로 나타났습니다. 또한 대표적 부작용인 두통 발생률이……."

김 과장은 시종일관 무관심한 표정이었지만 홍 대리는 위축되지 않고 목소리의 톤을 유지하려고 노력했다.

'이번만은 제대로 하고 있는 것 같은데?'

스스로 생각해도 썩 잘하고 있는 것 같았다. 무작정 외운 내용을 떠들지 않고, 실제로 작용기전을 완전히 이해한 후 설명하자 확실히 알아듣기 쉽게 진행되고 있었다. 김 과장의 시선은 어느새 홍 대리의 노트북 화면에 고정되어 있었다. 말은 하지 않았지만 그도 홍 대리의 변화에 조금은 놀라는 기색이었다.

'프레젠테이션 때 이렇게만 했더라도……'

새삼 아쉬움이 남았지만 이제라도 노력한 것을 보여줄 수 있어 다행이라고 생각했다.

마침내 홍 대리의 짧지 않은 설명이 끝났다. 오 분이라던 설명이 십오 분을 훌쩍 넘겨서야 끝났다. 홍 대리는 먼저 김 과장에게 인사부터 했다.

"끝까지 들어주셔서 감사합니다, 과장님."

고개를 들면서 그는 어쩌면 이걸로 김 과장의 악감정도 어느 정도 누그러질지 모른다는 기대를 품었다. 그러나 김 과장의 얼굴은 어느새 처음처럼 딱딱하게 굳어 있었다.

"홍 대리."

"예, 과장님."

"자네가 고생한 건 알겠어."

"감사합니다."

"그런데 어쩌지? 나는 자네와 함께 일해 보고 싶은 마음이 전혀 없어."

"과장님……."

"그만 나가주게."

차가운 한마디를 끝으로 김 과장은 일말의 여지도 남기지 않은 채 모니터로 시선을 옮겼다. 그 옆얼굴을 바라보며 다시 설득해 볼까 고민하던 홍 대리는 일단 물러서기로 했다. 어쨌든 김 과장이 자신의 노력을 인정해준 것만 해도 성과라면 성과라고 생각했기 때문이다.

의자에서 일어선 홍 대리가 김 과장을 향해 머리를 깊숙이 숙였다.

"바쁘실 텐데 저희 신약에 대한 설명을 끝까지 들어주셔서 감사했습니다, 과장님. 앞으로 더 열심히 할 테니 지켜봐주십시오."

"……."

그런 그를 쳐다보며 가타부타 말이 없는 김 과장을 뒤로하고 홍 대리는 돌아섰다. 그러나 방문을 닫고 나오는 홍 대리의 얼굴에는 은은한 미소가 떠올랐다. 김 과장과 자신 사이에 놓여 있던 깊은 협곡에 명주실 같은 다리 하나를 놓은 기분이랄까. 어쨌든 백 이사와 약속했던 대로 포기하지 않고 조금씩 신뢰 관계부터 회복하겠노라 마음먹는 홍 대리였다.

이튿날도 홍 대리는 일찍부터 김 과장을 방문했다. 며칠에 하루꼴로 각 업체들의 프레젠테이션이 진행 중이었으며 이제 위원회가 열리기까지는 한 달이 채 남지 않았다. 그러나 김 과장은 여전히 마음을 열지 않았다.

"홍 대리, 자네 참 끈질기군. 하지만 끈기로 되지 않는 일도 있네. 난 자네 회사의 신약을 처방할 생각이 눈곱만큼도 없으니 더 이상 찾아오지 말게."

바윗덩이처럼 꿈쩍도 않는 김 과장을 말없이 바라보던 홍 대리가 비장의 카드를 뽑아들었다. 일반외과 이 과장을 설득할 때 요긴하게 썼던 타 병원의 데이터였다. 홍 대리는 이 과장과의 협상을 성공시킨 후로도 자사의 심혈관계 신약을 처방 중인 병원 열 곳 정도를 돌며 담당 의사들로부터 신약의 만족도에 대한 설문조사를 벌여왔다. 대부분의 의사가 신약의 효능과 환자의 반응에 대해 만족스럽다는 반응을 보이고 있었다. 그 설문조사 내용을 분석하여 데이터를 만들어서 가져온 것이다.

한동안 데이터를 들여다보던 김 과장이 낮은 한숨을 내쉬며 말했다.

"그래, 자네의 설명과 이 데이터를 보니 서광약품의 신약이 인기가 있다는 건 알겠네. 하지만 그렇다고 자네와 일하고 싶지 않다는 내 마음이 변하진 않아. 그만 돌아가주게."

"과장님, 저에 대한 반감을 잠시 접으시고 저희 신약을 선택해주십시오. 앞으론 정말 잘하겠습니다."

"필요 없네."

"과장님!"

절박하게 외치는 홍 대리를 남겨두고 김 과장이 서둘러 일어섰다.

"이런, 벌써 회진 시간이군. 자네도 그만 가 보게."

찬바람을 일으키며 방문을 열고 나가는 김 과장의 뒷등을 홍 대리가 절망적인 눈으로 바라보았다.

잠시 후, 홍 대리도 어깨를 축 늘어뜨리고 방을 나섰다. 절대 포기하지 말자고 다짐에 다짐을 거듭했지만 열 번 찍어도 도끼 자국조차 남지 않을 것 같은 김 과장의 태도에 기운이 빠지는 것은 어쩔 수가 없었다.

'도대체 어떻게 해야 나에 대한 거부감을 없앨 수 있을까?'

아무리 고민해도 답은 떠오르지 않았다.

"여어, 홍 대리!"

누군가 부르는 소리에 돌아보니 나 대리가 비릿하게 웃으며 다가오고 있었다. 홍 대리의 안색을 살피던 나 대리가 비웃듯이 말했다.

"김치독 과장과 악연을 맺었다더니, 신약 홍보가 잘 안 되는 모양이지?"

홍 대리는 대꾸조차 없이 나 대리의 얼굴을 찌를 듯이 째려보았다.

"문 선생은 운이 좋아 구워삶았는지 모르겠지만, 김 과장님은 아마 힘들 거야. 게다가 김 과장님은 나와 관계가 아주 돈독하거든. 그런 날 밀어내고 밉상인 홍 대리의 손을 들어주실 리가 없잖아?"

나 대리의 느물거리는 얼굴이 보기 싫어 홍 대리는 혼자 지껄여라 하면서 팩 돌아섰다.

'다른 사람은 몰라도 나 대리 너한테만은 절대 지지 않겠어, 절대로!'

결의를 다지며 홍 대리는 다시 백 이사를 찾아가 도움을 청하기로 마음먹었다.

오후에 홍 대리는 이사실 소파에 백 이사와 마주 앉아 있었다. 홍 대리의 달라진 옷차림을 보고 놀라던 백 이사는 무엇 때문에 그랬는지 설명을 듣고 흡족해 했다. 홍 대리는 오늘 있었던 일의 전말을 자세히 들려주었다.

"시도는 나쁘지 않았네."

"그, 그렇습니까?"

꾸지람을 들을 줄 알았던 홍 대리는 뜻밖의 칭찬에 오히려 당황했다. 그런 홍 대리를 향해 백 이사가 고개를 끄덕였다.

"냉철하고 이성적인 백 이사에게 맞추려고 안경을 쓰고, 새 양복에 노트북까지 들고 찾아가는 등 노력하는 모습이 좋았네. 또 무조건 우리 약을 써달라는 것이 아니라 우수성을 논리적으로 설명하고, 다른 병원의 설문조사 데이터를 제시하는 등 먼저 무언가 주려는 자세도 나쁘지 않았어."

홍 대리가 한숨 섞인 음성으로 중얼거렸다.

"그러면 뭐하겠어요? 제가 얼마나 밉보였는지 말 한마디 한마디가 얼음장 같아요."

"어쨌든 김 과장은 약이 좋고 나쁘고를 떠나서 자네와 얽힌 일 때문에 처방을 내릴 수 없다는 입장이란 말이지?"

"예."

"으음……."

골똘히 생각에 잠겨 있던 그가 심각하게 말했다.

"어쩌면 자네가 김 과장의 유형을 잘못 봤는지도 모르겠군."

"유형을… 잘못 봤다고요?"

의아한 듯 되묻는 그를 향해 백 이사가 고개를 끄덕였다.

"아무래도 상대의 유형부터 제대로 분류해 봐야 할 것 같네."

"저는 무슨 말씀인지 하나도 못 알아듣겠습니다."

미간을 좁히는 그를 보며 백 이사가 싱긋 웃었다.

"자네는 김 과장의 냉철하고 사무적인 면모를 보고 겉모습이라도 거기에 맞추려고 노력한 거잖아? 그게 바로 나름대로 유형을 분류한 셈이야. 하지만 김 과장의 유형이 자네가 생각했던 것과 다를 수도 있다는 거지. 혹시 나에 대해 들은 적이 있는지 모르겠지만 나는 영국에서 협상학을 공부했네. 그 과정에서 나는 수천 년 전부터 사람을 성향에 따라 분류하려는 시도와 노력이 있어왔다는 것을 알게 됐다네. 그리고 여기에는 협상에서 우위를 차지할 수 있는 노하우가 담겨 있기도 하지."

"네? 사람을 성향에 따라 분류할 수 있다고요? 그리고 우위를 차지할 수 있는 노하우라고요?"

홍 대리는 귀가 솔깃했다. 오늘이야말로 지지부진하던 문제를 해결할 특단의 대책이 생기나 보다 싶었다.

"사실 사람의 생각과 행동을 이해하려는 노력의 흔적은 기원전 460년경부터 찾아볼 수가 있어. 철학자인 히포크라테스는 사람의 성격을 혈기왕성한 다혈질, 성미가 급한 담즙질, 둔하고 느린 점액질, 우울하고 악몽을 꾸는 흑담즙질의 네 가지로 규정했지. 심리학자인 칼 융은 사람마다 감정, 사고, 감각, 직관 가운데 하나의 특성을 강하게 보여주는데 이는 대부분 천성적이라고 했고 말이야. 또 미국의 심리학자 데이비드 커시는 아폴로적 기질, 프로메테우스적 기질, 에피메테우스적 기질, 디오니소스적 기질로 분류하기도 했지."

뭔가 상당히 복잡하다는 생각에 홍 대리는 눈만 끔벅거리며 듣고 있었다. 이를 보고 백 이사가 말을 이었다.

"구체적으로 알 필요까지는 없고 이런 식으로 사람을 이해하기 위한 노력이 꾸준히 진행되어왔다는 사실만 이해하면 돼. 특히 식민지를 지배하고 관리할 필요가 있던 영국에서 활발하게 진행되었다네. 자국의 이익을 극대화하기 위해서는 리더들에게 사람 다루는 훈련을 집중적으로 시킬 필요가 있었기 때문이지."

"정말 뜻밖이네요. 사람을 유형별로 분류하는 연구가 있었다니……."

"그렇지? 나는 영국에서 그 방대한 자료들을 수집하고 분석해서 현대적 감각에 맞추어 인간을 네 가지 유형으로 분류해냈다네."

홍 대리가 감탄 어린 표정으로 연신 고개를 끄덕였다.

"홍 대리 자넨 나를 만나 협상에 대해 차츰 깨우쳐가고 있어. 원하는 것을 얻기 위해서는 설득이 아니라 협상을 해야 하고, 설득은 일방적인 요구인데 반해 협상은 기브 앤드 테이크 방식이고, 가치가 객관적이지 않고 주관적인지라 협상은 이성적이지 않으며, 따라서 상대가 가치를 느낄 만한 무언가를 찾아야 한다는 것 등등을 말이야. 그 외에 또 무엇을 배웠는지 기억할수 있겠나?"

"협상은 공식 석상에서만 하는 것이 아니므로 미리 준비해야 하고, 무엇보다 기본을 잊어서는 안 된다는 것, 음… 또 협상 테이블에서 당황스러울 상황이 올 것에 대비하고, 상대방이 제안을 받아들일 준비가 될 때까지 기다리라는 것, 그리고…….."

그러고 보니 홍 대리는 백 이사를 만난 이후 한 달 정도의 시간 동안 배운 것이 엄청나게 많았다.

백 이사가 흡족한 표정을 지었다.

"그래, 아주 잘 기억하고 있군. 그런데 자네와 김 과장의 관계에서 알 수 있듯이 이런 전력과 전술들을 총동원해도 도저히 협상을 진전시킬 수 없는 상대들도 있다네. 왜 그럴 것 같은가?"

"글쎄요…….."

선뜻 대답하지 못하는 홍 대리를 똑바로 보며 백 이사가 말했다.

"그건 우리가 만나는 협상 상대들의 성향이 제각각이기 때문일세. 똑같은 방법이라도 어떤 성향에게는 통하지만 어떤 성향에게는 통하지 않아. 또 어떤 성향은 나와 잘 맞지만 어떤 성향은 물과 기름처럼 도저히 친해질 수가 없지."

저도 모르게 홍 대리가 피식 웃었다.

"저와 김 과장님처럼요?"

"그래, 자네와 김 과장처럼. 그럴 때 상대의 성향을 미리 알고 접근한다면 어떻게 될까? 훨씬 쉽고 부드럽게 협상을 진행할 수 있지 않을까?"

홍 대리가 비로소 고개를 끄덕였다.

"정말 그렇겠군요."

"지금부터 내가 알려줄 네 가지 유형 분류 방식을 잘 익히면 협상이 훨씬 수월해 질 걸세."

그러더니 자리에서 일어나 자신의 책상으로 간 백 이사는 파일철을 뒤적이더니 종이 한 장을 꺼내 와 홍 대리에게 내밀었다.

네 가지 유형 분류

현미경형

논리적이고 분석적이며 계량적 근거를 매우 중시한다. 매사에 처리가 빠르고 똑똑하지만 성격이 차갑고 계산적이어서 명예와 돈을 중시한다. 주변 사람과의 감정 교류에 어려움을 느끼는 경우가 많다.

- 내향적일 경우 조용하고 진지하며 집중하는 경향이 강하다.
- 외향적일 경우 말을 많이 하되 논리적이고 목적이 뚜렷하다.

청진기형

다정다감하고 사람을 잘 사귄다. 타인과의 협력과 정서적 일체감을 중시한다. 쉽게 눈물을 흘리는 등 감정적 성향이 강하다.

- 내향적일 경우 글이나 비언어적 방식으로 자신의 감정을 표현하는 데 능하며 드러나지 않게 남을 배려하는 경향이 있다.

- 외향적일 경우 수다스러우며 사람 모으기를 좋아하고, 나눠 주길 좋아한다.

돋보기형

무슨 일이든 일단 시작하면 조직적이고 계획적으로 꼼꼼히 실행한다. 일의 계획과 절차, 마무리를 중시하지만 큰 흐름을 이해하지 못하는 경향이 있다.

- 내향적일 경우 자신의 일과 행동을 잘 통제하고 늘 무언가를 하되 자신의 일에만 관심이 국한되는 경향이 있다.

- 외향적일 경우 일을 벌이고 사람을 모아 조직 꾸미기를 좋아해 여러 모임에 가입해 활동하곤 한다.

망원경형

총체적이고 직관적으로 사고하고 결과를 중시하며, 아이디어가 뛰어나고 꿈도 많다. 그러나 사소한 절차를 종종 무시하고 꼼꼼하지 못하며, 정리하는 태도가 부족하다.

- 내향적일 경우 개인적 성향이 강하고 자신의 세계에 침잠하여 주위를 둘러보지 못하는 경향이 있다.

- 외향적일 경우 가만히 있지 못하고 끊임없이 새로운 아이디어를 내놓는다.

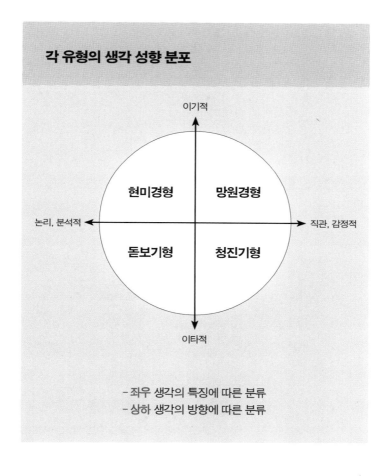

각 유형의 생각 성향 분포

이기적

현미경형   망원경형

논리, 분석적   직관, 감정적

돋보기형   청진기형

이타적

- 좌우 생각의 특징에 따른 분류
- 상하 생각의 방향에 따른 분류

　무슨 보물지도라도 되는 듯이 홍 대리는 백 이사가 건네준 종이를 뚫어져라 들여다보았다. 마지막에 그림으로 표시된 부분은 완전히 이해할 수 없었지만 대략적인 개념은 알 것도 같았다.

"어떤가? 네 가지 유형 분류가 무언지 알겠나?"

"예, 어렴풋이는 알겠습니다. 하지만 확실히는 모르겠군요."

"좋아, 그럼 내가 좀 더 자세히 설명을 해주겠네."

글씨를 손가락으로 짚어가며 백 이사가 설명을 시작했다.

"대부분의 사람은 현미경형, 청진기형, 돋보기형, 망원경형의 네 가지 유형으로 분류할 수가 있네. 여기 적힌 내용을 보면 알겠지만 현미경형은 상당히 논리적이고 객관적 근거를 중시하는 사람들일세. 청진기형은 인간적 관계와 감정적 교류를 중시하는 사람들이지. 돋보기형은 계획적이며 지나칠 정도로 꼼꼼한 사람들이고, 마지막으로 망원경형은 멀리 내다보고 큰 그림을 그리는 사람들이야."

홍 대리는 주변 사람들의 얼굴을 하나씩 떠올리며 백 이사가 알려준 네 가지 유형에 대비시켜 보았다.

"자네가 이해하기 쉽도록 지금부터 내 주변 사례를 들어 설명해주겠네."

"그럼 확실히 도움이 되겠는데요."

"내가 대학에서 가르쳤던 학생 중에 민찬우란 친구가 있었어. 대학 졸업 후 대기업에 입사한 전도유망한 젊은이였지만 웬일인지 맞선을 보는 족족 퇴짜를 맞았다더군. 처음엔 대수롭지 않게 여기다가 이런 일이 반복되자 혹 대인관계에 문제가 있는 것은 아닌지 걱정이 되서 결국 나를 찾아왔지."

"조건도 좋은 친구가 왜 계속 퇴짜를 맞았을까요? 혹시 너무 뚱뚱하거나 얼굴이 영 못 생겼나요?"

옛날이야기를 듣는 아이처럼 눈을 반짝이며 홍 대리가 물었다.

"아니, 찬우는 훤칠한 키에 얼굴도 아주 잘생겼어."

"그럼 대체 왜……?"

"처음엔 나도 이유를 알 수 없었다네. 찬우처럼 잘생기고, 조건 좋은 남자가 왜 여자들한테 연이어 거절을 당하는지 말이야. 그래서 대체 맞선 자리에서 무슨 일이 있었는지 자세히 물어 봤지. 그 이야기를 듣고서야 이유를 찾아낼 수 있었다네."

"그 이유란 게 대체 뭡니까?"

"찬우는 너무 현실적인 남자였던 거야. 맞선 자리에 나온 여자에게 이런저런 얘기 끝에 꼭 월급은 얼마나 되느냐, 결혼 후에도 계속 맞벌이를 할 수 있느냐, 아이를 낳으면 장모님이 키워주실 수 있느냐 이런 질문들을 했다는 거야. 자네가 여자라면 이런 남자에게 어떤 감정을 느꼈을 것 같나?"

본인이 마치 상대 여성이라도 되는 양 홍 대리가 부르르 진저리를 쳤다.

"아이구, 정나미가 뚝 떨어질 것 같은데요."

"바로 그거야. 여자들이 찬우에게 정나미가 떨어져 자리를 박차고 일어났던 게지. 그런데 찬우는 그게 왜 문제가 되는지 알지 못했어. 현미경형 성향이 너무 강했던 거야. 지나치게 현실적이다 보니 차갑고 계산적이라는 느낌을 준 셈이지. 이런 사람에게 누군들 매력을 느끼겠나?"

"그렇겠군요."

"또 이선화 씨는 내가 기업들에서 강연할 때 만난 친구인데 얼굴도 예쁘고 성격도 시원시원했지. 잠시 앉아 얘기를 나누는데 나까지 절로 기분이 좋아질 정도더군. 희한하게도 그런 선화 씨가 회사 후배들로부터 따돌림을 당하고 있다는 거야. 난 놀라지 않을 수 없었지."

홍 대리도 고개를 갸웃했다.

"얼굴도 예쁘고 싹싹한데 왜 왕따를 당했을까요?"

"나도 그게 이해가 되지 않았지. 선화 씨도 도저히 이유를 모르겠다더군. 원인을 찾아내려고 몇 시간 동안이나 함께 대화를 나눠 봤지만 정말 모르겠는 거야. 그래서 머리도 식힐 겸 일단 점심식사를 하러 나갔어. 사무실 근처 레스토랑에 갔는데 그곳에서 우연히 이유를 알게 됐다네."

"어떻게요?"

눈을 동그랗게 뜨는 홍 대리를 보며 백 이사가 씨익 웃었다.

"식당에서 선화 씨 태도가 좀 유별나더라고. 꽤 정갈한 식당이었는데도 종업원에게 식탁을 한 번 더 닦아달라, 물컵 소독은 제대로 했느냐, 포크에 얼룩이 남아 있는 것 같다는 둥 끊임없이 잔소리를 해댔지. 스테이크를 먹을 때도 고기가 질긴 것 같다, 소스가 너무 진하다, 후식이 무성의한 것 같다며 계속 잔소리를 늘어놓는 거야. 그리고 마지막 순간 내가 밥값을 계산하려는데 재빨리 자신 몫의 밥값을 주면서 더치페이가 편하다고 하더군."

"그 아가씨는 혹시……?"

"그래, 본인은 모르고 있었지만 선화 씨는 돋보기형 성향이 강한 아가씨였어. 너무 꼼꼼한 나머지 회사에서 후배들에게 잔소리를 늘어놓기가 일쑤였겠지. 게다가 밥 한 끼 사는 일 없이 매번 더치페이만 외쳐댔으니 인기가 있을 턱이 있나."

"하하, 정말 그랬겠군요."

백 이사의 설명이 귀에 쏙쏙 들어오자 홍 대리는 신바람이 났다. 직접 사례를 들어 설명하니 확실히 이해하기가 쉬웠다.

"이번엔 강영석 사장에 대해 얘기해 볼까?"

"잘 아시는 분인가요?"

"한참 전에 기업 운영자들을 상대로 강연을 하면서 알게 된 분이야. 강 사장은 탄탄한 중소기업을 운영하는 CEO였어. 오랜 세월 회사를 경영한 데다 개인적으로도 인간관계가 워낙 폭넓다 보니 지인들 경조사를 쫓아다니느라 업무가 마비될 지경이었어. 직접 가지 않고 비서를 시키면 될 일인데, 이건 또 성격에 맞지 않아서 신입사원의 경조사까지 다 쫓아다녔지. 안 가면 안 갔지 본인이 직접 참석하지 않으면 왠지 상대가 무시

받는다고 생각할 것 같다는 거야. 결국 스스로 못 견디게 된 강 사장이 내게 고민을 털어놓더군."

"정말 인정이 철철 넘치시네요. 강 사장이란 분은 청진기형이었겠군요?"

백 이사가 대견하다는 듯이 말했다.

"이제 자네도 유형 분류에 대해 슬슬 감이 잡히는 모양이군. 맞아, 강 사장은 청진기형 성향이 강한 사람이었어. 그래서 나는 강 사장에게 대인관계가 폭넓은 것은 좋으나 일에 지장을 줄 정도라면 좀 자제하는 게 어떻겠느냐고 조언했어. 강 사장이 진심으로 받아들이는 것 같지는 않았지만 굳이 더 강요하진 않았지. 사업상 폭넓은 인간관계를 유지하는 게 꼭 나쁘지만은 않다고 생각했기 때문이야. 그런데 얼마 후 강 사장이 부도 위기에 몰렸다는 소식이 들리더군."

"저런, 결국 인간관계에 너무 몰두한 나머지 사업을 망치고 말았나 보군요. 이사님께 상담하러 왔을 때, 좀 더 따끔히 충고해주셨으면 좋았을 텐데요."

아쉽다는 듯이 말하는 그를 향해 백 이사가 히쭉 웃었다.

"아니, 내 생각은 옳았네. 부도 위기에 몰린 강 사장을 구한 것도 바로 그 인간관계니 말일세."

"네……?"

"강 사장이 위험에 처했다는 소문이 돌자 사방에서 지인들이 돕겠다고 나선 거야. 또 평상시에 사장의 인간적인 면모를 존경해왔던 직원들이 자발적으로 임금을 삭감하고, 교대근무를 자청하는 등 회사를 구하기 위해 나섰지. 덕분에 강 사장은 채 일 년도 되지 않아 위기에서 탈출할 수 있었어."

홍 대리가 심각한 표정으로 고개를 끄덕였다. 유형에 따라 사람의 사고와 행동이 달라지고 최종 결과까지 달라지는구나 하는 생각이었다. 과연 유형을 파악하면 상대방에게 접근할 때 막막함이 한결 덜하겠구나 싶어졌다.

백 이사가 장난스럽게 웃으며 말을 이었다.

"아직 제일 재미있는 사례가 남아 있다네. 혹시 오상식 박사라고 들어 봤나?"

"오상식 박사님이라면 요즘 TV에도 자주 나오는 유명한 발명왕 아닙니까?"

"마침 자네도 알고 있었군. 그 오 박사도 한때는 내 학생이었다네."

"그렇습니까?"

"자네도 알다시피 오 박사는 발명 특허만도 수백 건에 달하는 우리나라 최고의 발명왕일세. 내 강연을 들을 당시에도 마르지 않는 샘처럼 늘 새로운 아이디어가 흘러넘쳤지."

홍 대리가 고개를 갸웃했다.

"그런 분에게 무슨 고민이 있었을까요?"

"나도 처음엔 그게 궁금했지. 하지만 당사자의 고민을 듣고 보니 그 사람야말로 날 찾아올 수밖에 없었다는 생각이 들더군. 박사는 기발한 아이디어로 누구도 생각지 못했던 새로운 발명품을 개발하곤 했어. 하지만 그걸 상용화하기도 전에 또 다른 아이디어가 떠올라 새로운 일에 몰두하기 시작하는 거야. 한참 만에 그게 완성되면 또 새로운 아이디어를 쫓아 파고드는 식이었지."

"아……!"

홍 대리가 알겠다는 듯 낮은 탄성을 흘렸다. 아무리 훌륭한 발명품이라도 그걸 상용화해서 판매하지 않으면 소득이 없는 것이다.

"그래, 자네 생각처럼 오 박사는 계속 발명을 위한 발명만 하고 있었던 거야. 그러니 어떻게 되었겠나? 연구실을 유지할 자금조차 부족해 늘 허덕였지. 자네가 보기에 오상식 박사는 어떤 유형일 것 같은가?"

"으음……."

턱을 어루만지며 고민하던 홍 대리가 조심스럽게 답했다.

"망원경형 아닐까요?"

"맞네, 오 박사는 전형적인 망원경형이었어. 이런 사람들 대부분은 현실 인식이 부족하지. 그래서 나는 그에게 현실성이 강한 현미경형 참모를 옆에 두라고 조언했다네. 그리고 얼마

안 지나서 오 박사가 놀라운 성공을 거두기 시작했다는 소식이 들리더군."

백 이사의 말이 끝났을 때 홍 대리의 표정이 조금 더 밝아졌다. 네 가지 유형에 대한 개념이 확실히 잡히는 것 같았다.

그런 홍 대리의 얼굴을 가리키며 이사가 불쑥 물었다.

"그렇다면 홍 대리 자넨 어떤 유형에 속할 것 같나?"

"글쎄요……."

고개를 갸웃하며 홍 대리는 골똘히 생각해 보았다. 평소 감정이 풍부하고, 사람 사귀기를 좋아하는 자신은 아무래도 청진기형에 가까운 것 같았다.

"혹시 청진기형이 아닐까요?"

"내가 보기에도 논리적인 근거를 앞세우기보단 감정적 교류를 중시하는 자넨 청진기형에 가까워. 하지만 너무 단정적으로 생각하진 말게."

"그건 또 무슨 말씀이세요?"

"대부분의 사람은 네 가지 성향 중 두세 가지를 가지고 있다네. 네 가지 성향 중 한 가지만 가진 사람은 10에서 15퍼센트에 불과해. 85퍼센트 이상이 두세 가지 성향을 함께 가지고 있다고 보면 되네. 그중 약 50퍼센트는 두 가지 성향을, 나머지 35퍼센트 정도는 세 가지 성향을 가지지. 그러니까 한 가지 성향을 가진 사람은 그 한 가지만 만족시켜주면 되지만 두 가지 성향을 가진 사람은 두 가지를, 서너 가지 성향을 가진 사람은 그 모두를 만족시켜줘야 협상이 쉽게 진행될 수 있다네."

"그렇군요."

"자, 그럼 자네의 또 다른 성향은 무엇일까?"

"으음……."

이번만은 선뜻 대답하지 못하고 종이에 적힌 네 가지 유형을 유심히 들여다보았다. 가만히 생각해 보니 자신에겐 청진기형 성향 외에도 망원경형 성향도 있는 것 같았다. 현미경형이나 돋보기형처럼 냉철하거나 꼼꼼하지 않은 대신 대상을 직관적으로 파악하는 경향이 있어서다.

"망원경형 성향도 조금 있는 것 같은데요."

자신 없는 투로 말하는 그를 향해 백 이사가 흡족한 듯이 웃었다.

"그렇지? 내가 보기에도 자네는 청진기형 외에 망원경형 성향을 가졌어. 내가 가르쳐준 협상 전략들을 스스로의 창의적 아이디어를 동원해 활용하곤 하더군."

"아, 제가 그랬나요?."

"비슷한 유형끼리는 사고와 행동 양식이 비슷하기 때문에 쉽게 호감을 느낄 수 있어. 반면 다른 유형끼리 만나면 협상을 시작하기도 전에 부딪히곤 하지. 네 가지 유형 중에서 현실적인 현미경형과 감정적인 청진기형이 만났을 때, 그리고 꼼꼼한 돋보기형과 이상을 좇는 망원경형이 만났을 때가 상극이라네. 또 한 가지 성향이 두드러져 의사결정이 빠른 사람과 여러 성향이 동시에 나타나 의사결정이 느린 사람이 만나도 협상이 어려워지지."

"확실히 그렇겠군요."

백 이사가 홍 대리를 향해 다시 강조했다.

"그래서 협상하기 전에 상대를 면밀히 파악하는 것이 중요하다네. 그가 어떤 유형인지 사전에 알고 만나는 것과 전혀 모르고 만나는 것에는 엄청난 차이가 있으니까."

"명심하겠습니다, 이사님."

홍 대리가 손가락으로 종이의 아랫부분을 가리켰다.

"그런데 이 도표는 뭡니까?"

"네 가지 유형을 좀 더 쉽게 설명한 거라네. 원을 좌우로 나눈 것은 생각의 특징에 따른 분류, 위아래로 나눈 것은 생각의 방향에 따른 분류지."

"아하, 그러니까 현미경형과 돋보기형은 생각의 특징이 논리, 분석적이고 망원경형과 청진기형은 직관, 감정적이란 말씀이군요."

"그렇지."

"그리고 현미경형과 망원경형은 생각의 방향이 이기적이고, 돋보기형과 청진기형은 이타적이란 뜻이고요."

"제대로 파악했군."

그런데 한참을 들여다보던 홍 대리가 미심쩍은 눈으로 백 이사를 보았다.

"이런 게 유형을 파악하는 데 정말 도움이 될까요?"

"물론일세. 일단 의사들을 중심으로 생각해 볼까? 의사들과 대화를 나누다 보면 자신의 프라이버시를 공개하는 사람이 있는가 하면 절대 개인적인 얘기는 하지 않는 사람도 있지. 이때 프라이버시를 공개하는 쪽은 위의 도표에서 오른쪽인 망원경형과 청진기형이고, 절대 공개하지 않는 쪽은 현미경형과 돋보기형인 경우가 많아. 또 목적의식이 분명한 의사와 그렇지 않은 의사가 있지. 목적의식이 분명한 쪽은 도표에서 왼쪽인 현미경형과 돋보기형이고, 분명하지 않은 쪽은 망원경형과 청진기형인 경우가 많네. 그리고 대개 약이 가진 객관적 성분이나 효능을 중시하는 의사는 오른쪽인 현미경형과 돋보기형이고, 그보다는 자기의 생각을 중시하는 의사는 대개 청진기형과 망원경형이지."

"그럼 위아래는 어떻게 분류하죠?"

"도표에 적힌 대로야. 대화를 하거나 어떤 일을 진행할 때 상대를 많이 배려하는 이타적인 성향의 의사들은 아래쪽인 돋보기형과 청진기형이 많고, 자신의 입장만을 고집하는 이기적인 성향의 의사들은 위쪽인 현미경형과 망원경형이 많다네."

홍 대리가 고개를 끄덕이며 도표를 찬찬히 들여다보았다.

"정말 감사합니다, 이사님. 유형 분류를 배우고 나니 신무기를 장착한 것처럼 마음이 든든합니다. 저도 한번 꼼꼼히 제 상대들을 분류해 봐야겠어요."

대견하다는 듯이 바라보고 있던 백 이사가 덧붙였다.

"지금까지 얘기한 네 가지 유형은 일상생활의 간단한 행동을 통해서도 면면이 드러난다네. 구체적으로 팁을 준다면 이메일, 옷차림, 시간 약속에 대한 습관 등으로 파악할 수 있지."

홍 대리가 눈을 크게 떴다.

"그런 걸로도 가능하다고요?"

백 이사가 고개를 끄덕이며 빙긋 웃었다.

"먼저 이메일을 예로 들어 볼까? 현미경형은 대개 구구절절한 인사말 없이 용건만 간단히 담고 수치적 자료가 주를 이루지. 반면, 청진기형은 인사말이 길고 문장에 수식이 많아. 이모티콘을 남발하기도 하고 말이야. 또 돋보기형은 구체적이고 장황하게 쓰는 데다 밑줄을 긋거나 해서 강조할 데를 표시하지. 그리고 망원경형은 어김없이 오탈자가 있고 파일 첨부를 깜박했다며 다시 보내는 경우가 많지."

홍 대리는 재빨리 자신의 이메일 버릇을 되짚어 봤다. 확실히 용건에 비해 인사말이 장황하고 이모티콘을 많이 쓰는 경향이 있었다.

"야, 정말 재미있네요. 이사님 말씀이 맞는 것 같습니다."

백 이사가 미소를 머금은 채 계속 말했다.

"옷차림을 예로 들어 볼까? 현미경형은 늘 비슷한 색상의 기능적 옷을 즐겨 입고, 청진기형은 유행에 민감하고 감성적인 옷차림을 좋아해. 돋보기형도 파티복, 등산복 등 나름 갖춰입기는 하지만 뭘 입어도 촌스럽다는 소리를 듣곤 하지. 그리고 망원경형은, 이를테면 양복에 빨간 양말을 신거나 하는 것처럼 차림이 독특한 경향이 있지."

"각각의 성향에 비추어 생각해 보니 그럴 법한데요."

"약속 시간에 대한 습관을 갖고도 알 수 있어. 현미경형은 삼사십 분 전에 미리 도착해서 기다리곤 하는데 그 사이에도 뭔가 다른 볼일을 보지. 이에 반해 청진기형은 늘 늦으면서도 이에 대해 싫은 소리 듣는 건 싫어해. 그리고 돋보기형은 일찌감치 먼저 와서 기다리는 대신 상대가 늦으면 언짢아해 하지. 망원경형은 시간 약속 잡기 자체가 어렵고 약속을 해도 잘 잊어버리고 말이야."

심각하게 턱을 어루만지며 홍 대리는 잠시 팀장인 양 부장에 대해 생각하고 있었다. 자칭 멋쟁이인 양 부장은 옷차림에 관심이 많아 철철이 양복을 맞춰 입었지만 어떤 것을 입혀놓아도 허수아비에 자루를 뒤집어 씌워놓은 듯 어울리지가 않았다.

홍 대리가 어린아이처럼 눈을 반짝이며 감탄사를 연발했다.

"정말 놀라운데요, 이사님. 이사님이 말씀하신 팁이 정확히 들어맞는 것 같습니다."

"실제로 고도로 훈련된 협상 전문가들도 대단한 질문이 아니라 일상적 대화나 행동을 통해 상대를 파악하지."

"그렇군요."

고개를 끄덕이는 홍 대리를 향해 백 이사가 약간 걱정스러운 표정으로 당부했다.

"하지만 팁은 어디까지나 팁일 뿐이야. 너무 소소한 전술들에 집착하다 보면 정작 목적은 협상에 성공하는 것이라는 사실을 망각할 수도 있으니 주의하게."

"예, 명심하겠습니다."

표정이 한결 밝아진 홍 대리를 향해 백 이사가 물었다.

"이제 사람을 읽는 방법에 대해 확실히 알겠는가?"

"옙, 눈이 확 뜨이는 것 같습니다!"

가슴을 쭉 펴며 씩씩하게 대답하는 그를 백 이사가 기특한 듯 쳐다보았다.

"그거 참 다행이군. 자, 그럼 이제 본론으로 돌아가 볼까? 자네가 보기에 김 과장은 어떤 유형의 사람 같은가?"

"……."

김 과장의 얘기가 나오자 단번에 홍 대리의 표정이 굳어졌다. 한동안 생각에 잠겼던 그가 스윽 고개를 들었다.

"당연히 현미경형 아닐까요? 솔직히 살다 살다 그렇게 차갑고 이기적인 분은 처음 봤습니다. 그래서 청진기형인 저와 그렇게 안 맞았나 봅니다."

"글쎄……. 과연 그럴까?"

고개를 갸웃하는 백 이사를 보며 홍 대리는 약간 의아스러웠다. 김 과장이 현미경형이라는 건 너무나 확실하지 않은가.

"현미경형이 아니라는 겁니까?"

"물론 김 과장은 현미경형 성향이 강한 사람일 거야. 하지만 앞서 얘기했듯이 대부분의 사람은 두세 가지 성향을 동시에 가지고 있네. 그렇다면 김 과장에게도 또 다른 성향이 있지 않을까?"

"흐음……."

홍 대리는 다시 잠깐 고민에 빠졌다. 그러고는 약간 자신 없는 투로 말했다.

"혹시 돋보기형이 아닐까요? 굉장히 꼼꼼하고 계획적인 것 같았거든요."

"물론 성향적으로 겹치는 부분이 있는 유형이 함께 나타나는 경우가 많네. 현미경형과 돋보기형 그리고 청진기형과 망원경형이 그렇지. 그러나 난 조금 다르게 생각한다네."

"그럼……?"

"자네는 분명 백 이사가 우리 신약의 효능은 인정하는 것 같은데 자네와의 인간적인 문제 때문에 거부한다고 말했어. 그렇다면 김 과장은 다분히 감정적인 사람이 아닌가?"

뜻밖의 말에 홍 대리는 깜짝 놀라고 말았다. 그런 식으로는 한 번도 생각해 보지 못했던 것이다. 놀란 표정의 홍 대리를 향해 백 이사가 확신에 찬 어조로 말했다.

"현미경형이나 돋보기형은 그렇게 감정적으로 행동하지 않아. 이성적이고 꼼꼼하게 이익을 따진 후 그에 따라 행동하지. 그래서 나는 김 과장에게 청진기형 성향이 숨겨져 있다고 생각한다네."

한동안 멍한 표정으로 홍 대리는 아무 말도 못했다. 김 과장에게 청진기형 성향이 있다고는 상상조차 못했다. 하지만 곰곰이 생각해 보니 과거의 감정을 공적인 일에까지 끌어들이는 것은 이성적인 사람이 할 일은 아닌 듯했다.

홍 대리가 진지한 눈빛으로 백 이사를 향해 물었다.

"그럼 이제부터 어떻게 대응하면 좋을까요?"

"자네는 이미 김 과장의 현미경형 성향에 맞추어 많은 노력을 했어. 하지만 관계를 회복하는 데는 실패했지. 그렇다면 이제 김 과장의 청진기형 성향에 맞춰 접근해 봐야 하지 않을까?"

"으음……."

홍 대리가 낮은 신음을 흘렸다. 백 이사의 도움으로 간신히 길 하나를 발견했지만 그 길은 너무 좁고 안개가 자욱했다.

'과연 김 과장의 마음을 움직일 수 있을까?"

아직은 모든 것이 너무 막연하고 불안하기만 했다. 한 가지 실낱같은 희망은 김 과장의 또 다른 성향이 자신과 같은 청진기형이라는 점이었다.

디테일에 강해야 진짜 협상가

다음 날, 우진대학병원 구내식당에서 간단히 점심을 때운 홍 대리는 로비를 서성이고 있었다. 점심시간 직후가 MR이 의사를 만나기 가장 좋은 시간이었지만 김 과장을 무작정 찾아간다고 해도 뾰족한 수가 생길 것 같지는 않았다.

"아, 맞다! 차에 자료를 두고 왔잖아."

신약에 대한 자료나 한 번 더 훑어보려던 홍 대리는 차에 두고 온 것을 깨닫고 지하 주차장으로 내려갔다.

차를 향해 걸어가던 홍 대리는 눈에 익은 외제 SUV 차량 옆에 멈춰 섰다. 번호판을 확인하니 역시 김 과장의 차였다. 지난밤 갑자기 쏟아진 소나기 탓인지 온통 흙투성이였다.

차를 한동안 뚫어져라 응시하던 홍 대리는 서둘러 관리실로 향했다. 그리고 관리인 아저씨에게 물통을 빌려 김 과장의 차를 세차하기 시작했다. 김 과장을 찾아가 굳게 닫힌 마음을 억지로 열어달라고 부탁하느니 차라리 이런 식으로라도 마음을 전하자는 생각이었다. 한여름에 바람조차 통하지 않는 지하 주차장은 찜통처럼 무더웠고, 홍 대리는 금방 땀투성이가 되었다.

"휴우, 간신히 끝냈다."

세차가 끝났을 때는 온몸이 물에 젖은 솜처럼 축 처졌지만 반짝반짝 윤이 나는 차를 보니 기분만은 상쾌했다. 갑자기 사람들의 목소리가 들린 것은 바로 그때였다. 김 과장이 일행들에게 차가 많이 지저분하니 양해해달라고 말하면서 다가오고 있었다.

"홍 대리, 여기서 대체 뭐하고 있나?"

돌아보니 김 과장이 동료 의사 몇 명과 함께 서 있었다. 아마도 늦은 점심을 먹으러 가는 모양이었다.

우물쭈물하던 홍 대리가 씩씩하게 대답했다.

"지난밤 소나기 때문인지 과장님 차가 많이 더러워져 있더라고요. 마침 시간도 있고 해서 세차를 해놓았습니다."

한동안 기가 막힌 듯이 차와 홍 대리를 번갈아 보던 김 과장이 미간을 찌푸렸다.

"이 사람이 왜 시키지도 않은 일을 하고 그래? 다음부턴 그러지 말게."

고맙다는 말 한마디 없이 김 과장은 선생들과 함께 차 안으로 들어가버렸다.

– 부우웅!

"좋은 아침입니다, 과장님!"

병원 현관을 통해 출근하던 김 과장은 우렁찬 고함 소리에 깜짝 놀랐다. 고개를 좌우로 돌리며 소리의 근원지를 찾는 김 과장의 눈에 홍 대리가 작은 냉온병을 들고 서 있는 게 보였다.

김 과장이 짜증스럽다는 표정으로 물었다.

"그건 또 뭔가?"

"시원한 냉녹차입니다. 과장님이 커피를 안 드신다기에 직접 우려 왔습니다."

헤벌쭉 웃는 홍 대리를 보며 김 과장은 이 친구도 참 끈질기다는 생각을 했다. 아무리 밀쳐내도 오뚜기처럼 또 일어나고, 또 일어나 다가오니 기가 찰 노릇이었다. 웃는 얼굴에 침 못 뱉는다고 하지 않았던가. 저렇게 해맑게 웃고 있으니 화를 내기도 민망했다.

"좋아, 기왕 타 왔으니 마시도록 하지."

망설이던 김 과장이 냉온병을 잡았다. 엘리베이터를 향해 걸어가는 김 과장 등에 대고 홍 대리가 씩씩하게 외쳤다.

"내일부터 매일 새로운 차를 준비하겠습니다, 과장님!"

엘리베이터 문 사이로 저만치서 아직도 이쪽을 바라보며 단정하게 서 있는 홍 대리를 보고 김 과장은 저도 모르게 피식 웃고 말았다.

"정말 끈질긴 친구라니까."

그날부터 홍 대리는 하루도 빠짐 없이 김 과장의 출근 시간에 맞춰 냉온병을 들고 서 있었다. 하루는 녹차, 하루는 유자차, 하루는 구기자차 이런 식이었다. 차를 맛있게 타는 법을 인터넷을 통해 공부할 정도로 열성이었다. 가끔은 김 과장의 차를 깨끗이 닦아놓기도 했다.

그렇게 한 주가 다 지나갈 무렵 홍 대리를 대하는 김 과장의 태도에 미세한 변화가 일어나기 시작했다.

"홍 대리, 또 세차 중인가?"

퇴근하러 내려온 김 과장이 땀을 뻘뻘 흘리며 차 지붕을 닦고 있는 홍 대리에게 알은체를 했다.

"예, 과장님. 지금 퇴근하시는군요?"

김 과장 앞으로 다가온 홍 대리가 비 오듯 쏟아지는 땀을 닦으며 밝게 웃었다. 그런 홍 대리를 말없이 바라보던 김 과장이 양복 안주머니에서 지갑을 꺼냈다. 그러곤 불쑥 십만 원짜리 수표 세 장을 내밀었다.

"받게."

"이게 뭡니까?"

"자네가 너무 고생하는 것 같아서 그래. 하지 말래도 말을 안 들으니……. 이걸로 식사라도 하게."

물끄러미 수표를 내려다보던 홍 대리가 정색하며 말했다.

"이 돈은 받을 수 없습니다."

"왜, 너무 적은가?"

"아뇨, 오히려 너무 많습니다. 하지만 중요한 건 돈이 많고 적음이 아니라 제 자존심입니다."

"내가 자네 자존심을 상하게 했다는 뜻인가?"

김 과장이 미간을 찌푸렸지만 홍 대리는 당황하지 않고 차분히 답했다.

"제가 MR로서 과장님 차를 세차해드리는 건 부끄러운 일이 아니라고 생각합니다. 왜냐하면 저는 어떻게든 과장님의 인정을 받아야 하는 MR이니까요. 하지만 제가 그 돈을 받으면 더 이상 MR로서 세차를 해드린 게 아니게 됩니다. 그때부턴 제 자존심도 없습니다."

"……."

홍 대리의 단호한 얼굴을 유심히 보던 김 과장이 지갑에 다시 돈을 넣었다. 차문을 열고 들어가며 그가 홍 대리의 어깨를 툭 쳤다.

"아무래도 내가 홍 대리를 잘못 봤던 것 같아. 요즘 여러 가지로 고맙게 생각하고 있네."

"아……!"

순간 홍 대리의 입에서 짧은 탄성이 새어 나왔다. 드디어 오랜 악연이 끝날 기미가 보이는 것이다. 주차장을 빠져나가는 김 과장의 차를 향해 홍 대리가 허리를 깊숙이 숙였다.

"고맙습니다, 과장님! 더 열심히 하겠습니다!"

위원회가 열리는 날이 보름 앞으로 다가온 상태에서 김 과장과의 관계가 이나마 회복된 것은 천만다행이었다.

김 과장이 굳게 닫힌 마음을 연 이후, 홍 대리는 더욱 자주 방문하며 노력을 기울였다. 결국 그는 김 과장 방에 편하게 들락날락하는 MR 중 한 명이 되었다. 그러는 사이에도 시간은 계속 흘러 위원회가 목전으로 다가왔다. 분명 관계는 개선되었지만 김 과장은 신약에 대한 언급은 딱히 하지 않았기에 홍 대리는 초조하지 않을 수 없었다. 무작정 기다리기엔 시간이 너무 촉박했다.

"와아, 과장님께서 우진대학병원 전 임직원이 참여한 골프 대회에서 우승을 하신 거군요."

번쩍번쩍 빛나는 트로피를 책상 위에 올려놓고 은근히 자랑하는 김 과장 앞에 앉아 홍 대리는 연신 탄성을 발했다. 그러자 김 과장이 우쭐대며 말했다.

"따지고 보면 골프야말로 가장 수학적인 운동이거든. 사람들은 보통 야구나 농구 같은 다른 구기 종목에 비해 골프는 너무 단순하다고 생각하지. 하지만 골퍼의 머리, 팔, 손목, 허리, 다리 등의 상태는 언제나 일정하지 않기 때문에 변수가 많은 운동이야. 결국 부단한 연습을 통해 이 변수들을 제어하는 게 관건이란 말이지."

"정말 대단하십니다."

거듭되는 칭찬이 싫지만은 않은 듯 김 과장이 홍 대리를 은근히 부추겼다.

"홍 대리도 골프 배워야지. 제약회사 MR로 성공하려면 골프는 필수라고."

"언제 한번 필드에 데려가주십시오."

"좋아, 홍 대리 머리는 내가 올려줌세. 하하."

분위기가 한껏 무르익자 홍 대리가 신약 브로슈어를 꺼내들었다. 순간 얼굴 가득 웃음을 머금었던 김 과장의 표정이 살짝 굳어졌다. 이를 눈치 챈 홍 대리는 부쩍 더 가벼운 목소리로 말했다.

"과장님, 저희 신약 브로슈어 다시 한 번 봐주세요. 전에도 말씀드렸지만 저희 신약은 타사 제품에 비해 효능이 월등할 뿐 아니라 심혈관계 약의 공통적 부작용인 혈당수치 급변과 두통 발생률도 현저히 떨어집니다. 이미 신약을 사용 중인 선생님들을 대상으로 설문조사한 결과를 보면 치료율이 10퍼센트 이상 증가한 것으로……."

순간 김 과장이 홍 대리의 말을 막았다.

"알겠네, 홍 대리. 자료들을 면밀히 검토하고 위원회에 추천할지 여부를 고민해 보겠네."

홍 대리는 더 이상 강요하지 않고 웃는 얼굴로 일어섰다.

"감사합니다, 과장님. 모쪼록 좋은 결과 기다리겠습니다."

방문을 열고 나오면서 홍 대리는 한숨을 길게 쉬었다.

예전에 비하면 자신을 대하는 김 과장의 태도는 정말 좋아졌다. 하지만 이상하게도 심혈관계 신약 처방에 대해서만은 확답을 주지 않았다. 위원회 날짜는 이제 열흘 앞으로 바짝 다가와 있었다. 커다란 시계가 머릿속에서 째깍째깍 소리를 내며 돌아가고 있었다.

한편 김 과장과의 관계를 푸느라 골몰하는 사이 도해와의 연애 문제도 난관에 봉착해 있었다. 최근 들어 급반전이 이뤄졌는데 이야기하자면 참 긴 사연이다.

찌는 듯이 덥던 어느 날, 사무실로 돌아가던 홍 대리는 전철 안에서 우연히 도해를 만났다. 아직 여름방학 전인지라 하교길 학생들로 붐비는 저쪽에 도해가 차창 밖을 보며 우두커니 서 있었던 것이다. 한쪽 팔에 서류철을 끼고 있는 걸로 봐서 외부에 일이 있는 모양이었다. 밖에서 도해를 만나자 반가운 마음이 확 솟구쳤다. 그래서 싸웠다는 사실조차 까맣게 잊은 채 그녀의 이름을 크게 부르며 다가갔다.

"도해야! 도도해!"

순간 도해가 스윽 홍 대리를 돌아보았다. 얼음처럼 차가운 그녀의 눈빛을 발견한 홍 대리가 멈칫했다. 그녀의 눈가에 맺힌 감정이 미움이 아니라 무관심이란 사실을 깨닫는 순간 홍 대리는 송곳에 찔린 듯 가슴이 아팠다. 재잘대던 여중생들이 웃음을 멈추고 서로를 뚫어져라 응시하는 홍 대리와 도해의 얼굴을 번갈아 보았다. 도해와의 거리는 열 걸음 정도였지만, 어쩌면 영원히 그 거리를 좁힐 수 없을지도 모른다는 생각이 들어 아찔해졌다.

사무실로 돌아온 홍 대리의 머릿속은 온통 도해에 대한 생각뿐이었다. 그동안 김 과장과의 협상에 몰두하느라 그녀에게 너무 신경을 쓰지 못했던 게 사실이다. 그사이 그녀와의 거리는 상상할 수 없을 정도로 벌어져버렸다.

'더 늦기 전에 무슨 수를 내야 한다.'

그렇게 절박한 심정의 홍 대리의 머릿속을 스치는 것이 하나 있었다. 그것은 바로 백 이사로부터 배운 네가지 유형 분류 방식이었다. 이를 통해 김 과장의 마음을 돌리는 데 성공한 바 있는 홍대리는 그 방식이 도해에게도 분명 효과가 있으리라는 확신이 들었다.

그가 아는 한 도해는 청진기형이었다. 한겨울 그와 거리를 걷다가 갓난아기를 안고 있는 노숙자 아주머니를 발견하곤 지갑을 통째로 쥐어준 적도 있다. 또 누군가 여자라고 깔보기라도 하면 순식간에 페미니스트로 돌변하여 남녀평등을 부르짖곤 했다. 감성적인 동시에 다혈질인 도해는 분명 청진기형에 가까웠다. 어쩌면 그래서 조건도 따지지 않고 자신과 사랑에 빠질 수 있었을 것이다. 그랬던 도해가 왜 갑자기 그토록 매몰차게 구는지 알 수가 없었다.

'대부분의 사람은 두세 가지 성향을 동시에 지니고 있지.'

순간 백 이사의 말이 어떤 암시처럼 홍 대리의 뇌리를 퍼뜩 스치고 지나갔다. 현미경형인 줄만 알았던 김 과장도 청진기형 성향이 숨겨져 있었다. 그렇다면 청진기형인 도해도 뭔가 또 다른 성향을 품고 있는 것은 아닐까?

그러고 보니 평소의 도해와 일을 할 때의 도해는 약간 다르다는 데까지 생각이 미쳤다. 일할 때만큼은 똑 부러지게 자료를 준비하고, 정확한 근거를 제시해 깐깐한 양 부장조차도 꼼짝 못하게 하곤 했다.

"도해는 현미경형 성향도 가지고 있었구나……!"

계량화된 근거를 만들어 논리적으로 자기 주장을 하는 그녀의 능력을 평소 얼마나 부러워했던가.

이런 생각이 들자 도해가 왜 갑자기 나 대리를 만날 맘을 먹었을지 이해가 되었다. 현미경형 성향을 가져 현실적인 그녀는 이제 곧 서른이 되는 자신의 나이에 대해 생각했을 것이다. 그리고 삼 년이 넘도록 사귀었지만 매일 뜬구름만 잡고, 청혼할 생각은 않는 한심한 애인을 생각했을 것이다. 게다가 그런 자기 잘못은 생각도 않고 다른 남자를 만났다고 무조건 화를 낸 자신을 보며 도해는 얼마나 절망했을까?

"후우우."

깊은 자책감으로 한숨을 내쉬고 있을 때 도해가 외근에서 돌아왔다. 자신 쪽으로는 시선도 주지 않고 자리에 가 앉는 도해를 보자니 억장이 무너지는 듯했다. 그리고 뭔가 결심한 듯 핸드폰을 꺼냈다.

도해야, 내가 잘못했어. 진심으로 반성하고 있으니 한 번만 더 기회를 줘.

홍 대리는 비슷한 내용의 문자메시지를 거듭해서 보냈고 그 때마다 도해는 그를 잡아먹을 듯 노려봤다. 도해가 다시 도끼 눈을 뜨고 자신을 홰액 째려보는 순간, 홍 대리가 눈물이라도 흘릴 것 같은 얼굴로 양손을 모아 쥐었다.

'제발……!'

홍 대리가 입만 벙긋하며 소리 없이 애원했다. 도해가 질려 버렸다는 듯 고개를 절레절레 흔들며 핸드폰을 만지작거렸다.

🙂 할 말이 대체 뭔데?

😆 그걸 어떻게 문자로 얘기하니? 오늘 퇴근 후, 일단 만나자. 만나서 얘기하자, 응?

핸드폰 화면을 들여다보며 잠시 고민하는 도해의 뒤통수를 홍 대리가 긴장 어린 눈으로 주시했다. 잠시 후 새로운 메시지가 도착했다.

🙂 좋아, 오늘 일곱 시까지 발리로 나와. 바쁘니까 딱 삼십 분만 있을 거야.

서둘러 답 문자를 보내며 홍 대리는 환호성이라도 지르고 싶은 기분이었다.

퇴근 시간 직전, 한발 앞서 회사를 나선 홍 대리는 곧장 발리를 향해 달려갔다. 발리는 생일이나 특별한 기념일에 도해와 가끔 들르던 레스토랑이다. 이름에 어울리게 열대의 섬 분위기로 꾸며진 그곳에 들어서자마자 홍 대리는 지배인부터 찾았다.

"제가 지배인 되는 사람입니다."

깔끔한 턱시도와 나비넥타이가 잘 어울리는 중년의 남자가 홍 대리 앞으로 다가와 정중히 머리를 숙였다. 절도 있는 몸가짐이 꼭 중세의 고성을 지키는 집사 같다고 생각하며 홍 대리도 인사를 건넸다.

"안녕하세요? 저는 근처 서광약품에서 근무하는 홍풍호라고 합니다. 혹시 저를 기억하시는지……?"

홍 대리의 얼굴을 유심히 살피던 지배인이 고개를 끄덕였다.

"아, 그 안젤리나 졸리를 닮은 아가씨와 종종 오시던 손님이시군요."

"예, 맞습니다."

지배인도 기억할 만큼 도해의 미모가 출중하다는 얘기이므로 홍 대리는 절로 우쭐해졌다.

"그런데 오늘은 어쩐 일로?"

고개를 살짝 갸웃하면서 묻는 지배인에게 홍 대리가 머뭇거리며 얘기를 꺼냈다.

"제가 실은 졸리와 심하게 다퉜거든요."

"저런, 사랑싸움을 하셨군요."

"예, 그런데 예상외로 싸움이 커져버렸지 뭡니까? 간신히 달래서 오늘 저녁 이곳에서 만나기로 했는데, 여자친구의 화를 풀어주려면 어떤 준비를 해야 할까요?"

"흐음……."

골똘히 생각하는 지배인의 얼굴을 홍 대리가 초조한 듯 보았다. 잠시 후 지배인이 미소를 머금으며 물었다.

"저녁 식사는 무얼로 하실 예정입니까?"

"스테이크를 먹을까 했는데요."

"저희 주방장의 장기인 안심 스테이크를 드신다면 레드 와인을 곁들이시는 게 좋습니다. 약간의 알코올은 긴장을 풀어주고 경직된 마음을 여유롭게 해주니까요."

고개를 끄덕이던 홍 대리가 다시 걱정스럽게 물었다.

"그 정도면 준비가 끝난 걸까요?"

"토라진 여인의 마음을 와인으로 풀어줬다면 붉은 장미로 사랑을 확인시켜주어야 하지 않을까요?"

"맞다, 장미꽃!"

홍 대리가 짜악, 손뼉을 마주쳤다.

"마지막으로 사랑의 멜로디가 담긴 음악까지 곁들인다면 금상첨화일 것 같습니다만."

"저어……, 지배인님."

지배인은 이미 홍 대리의 마음을 훤히 꿰뚫고 있다는듯 친근하게 웃으며 고개를 끄덕였다.

"알겠습니다. 장미꽃도, 음악도 저희가 준비하겠습니다. 홍 대리님은 안심하고 여자 친구분을 데려오기만 하세요."

"감사합니다. 정말 감사합니다."

지배인에게 연신 감사를 표하며 홍 대리는 오늘은 도해와 꼭 화해할 수 있을 것 같아 마음이 들떴다. 이만하면 협상을 위한 준비가 충분히 갖춰진 셈이었다.

"스테이크 맛 어때? 네가 좋아하는 대로 특별히 바싹 익혀달라고 부탁했는데."

그날 저녁, 홍 대리는 발리에서 도해와 마주 앉아 스테이크를 먹고 있었다. 지배인의 특별 배려로 전망 좋은 창가 자리에 앉았는데 어둠이 막 깔리기 시작한 강변도로의 야경이 한눈에 들어왔다.

"괜찮네."

무심히 대답했지만 그녀도 싫지만은 않았다. 그간 사귀는 내내 분위기 한번 잡을 줄 몰랐던 홍 대리가 오늘은 웬일로 선전 중이었다.

'으이그, 그러게 평소에 이렇게 좀 하지.'

홍 대리를 흘겨보며 그녀가 와인 잔을 들었다. 홍 대리가 심혈을 기울여 준비했다는 와인은 입에 착착 들러붙었다.

그녀가 힐끗 벽에 걸린 시계를 보았다. 어느덧 홍 대리와 마주앉은 지도 두 시간이 흘렀다.

'딱 삼십 분만 있겠다고 했는데…….'

그 사실을 깨닫는 순간 도해는 왠지 자존심이 상했다. 이따위 회유책에 내가 넘어가고 있다니. 그녀는 냅킨으로 입가를 훔치며 쌀쌀맞게 말했다.

"자, 이제 됐지? 난 그만 일어날 테니까 할 말 있으면 나중에 문자로 보내든가."

"어, 잠깐! 잠깐!"

홍 대리가 서둘러 팔을 뻗어 그녀를 제지했다. 때맞춰 지배인이 붉은 장미꽃 다발을 들고 나타났다. 넉넉한 미소를 지으며 지배인이 꽃다발을 내밀자 도해는 일어서려다 말고 엉거주춤한 자세로 홍 대리를 쳐다봤다.

"받으십시오, 아가씨."

"이게 웬 꽃이래요?"

지배인이 홍 대리를 보며 싱긋 웃었다.

"붉은 장미야말로 정열의 상징 아닙니까? 어떤 남자분이 아가씨에 대한 사랑을 표현하고 싶었던 게지요."

얼결에 꽃다발을 안은 그녀가 쑥스러운 듯 머리를 긁적이는 홍 대리를 째려보았다.

'흥, 어디서 들은 건 있어가지고.'

미간을 찌푸리면서도 도해는 꽃에 코를 대고 향을 음미하는 것을 잊지 않았다. 절로 기분이 풀리는 듯 엷게 미소까지 짓는 그녀의 얼굴을 홍 대리가 초조하게 쳐다보았다.

'역시 여자는 꽃이군.'

평소에는 비싼 꽃을 뭐하러 사오느냐고 타박을 주지만 결정적인 순간에는 장미 한 송이에 마음을 여는 것이 또한 여자인 것이다. 순간 도해의 눈이 홍 대리와 딱 마주쳤다. 그렇게 잠시 동안 복잡한 눈빛으로 홍 대리를 보던 도해가 마음이 흔들리는 스스로를 다그치듯 꽃다발을 테이블에 놓아둔 채 서둘러 일어서려고 했다. 스티비 원더의 'lately'가 흐르기 시작한 것은 바로 그때였다.

lately I have had this strangest feeling with no vivid reason here to find

요즘음 눈에 띄는 이유는 없지만 나는 정말 이상한 느낌이 들어요.

yet the thought of losing you's been hanging around my mind

당신을 잃어버릴 것만 같은 생각이 자꾸만 내 맘속에서 맴돌고 있어요.

도해는 두 눈을 지그시 감은 채 노래를 음미했다. 언젠가 홍 대리에게 자신이 제일 좋아하는 팝가수가 스티비 원더라고 말한 적이 있는데, 그걸 기억하고 있었던 모양이다. 감미로운 와인에도, 와인보다 붉은 장미에도 빙하처럼 꿈쩍도 않던 그녀의 마음이 그 부드러운 음성에 조금씩 녹아내리기 시작했다.

사실 홍 대리와 헤어지기로 결심한 이후 나 대리와 한 번 데이트를 한 적이 있다. 썩 유쾌한 시간은 아니었다. 나 대리는 홍 대리에게 부족한 모든 것을 갖춘 남자였다. 좋은 환경에서 자랐고 좋은 대학을 나왔다. 서광약품보다 몇 배의 규모를 자랑하는 회사에서 능력을 인정받는 MR이기도 했다.

하지만 나 대리를 만나면서 그녀는 문득문득 홍 대리를 떠올리곤 했다. 특히 목발을 짚은 할아버지가 껌 한 통 팔아달라며 술자리로 찾아왔을 때 매몰차게 쫓는 그를 보며 어쩔 수 없이 이런 생각을 했던 것이다.

'풍호 씨라면 아마 껌 한 박스를 다 사고 차비까지 쥐어드렸을 텐데.'

결혼은 하늘이 맺어준 인연끼리만 가능하다고 했다. 어쩌면 홍 대리와 자신이야말로 그런 인연에 가장 가까운 사람들인지도 몰랐다. 하지만 그런 식의 자각은 오히려 그녀를 화나게 만들었다. 소위 시집을 잘 갔다는 친구들은 강변했다.

"결혼 그거 별거 아니야. 애인은 잘생겨야 하고, 남편은 능력이 있어야 해. 능력 없는 애인은 추억이 되면 그만이지만 능력 없는 남편은 인생 자체를 황무지로 만들거든."

그래서 그녀도 친구들의 충고대로 홍 대리와 헤어지려고 했다. 하지만 생각처럼 쉬운 일은 아니었다.

자신의 꽁꽁 얼어붙었던 마음을 녹인 것이 꼭 와인, 장미, 감미로운 음악만은 아니라고 생각하며 그녀가 홍 대리의 얼굴을 똑바로 쳐다보았다.

"어이, 홍풍호 씨?"

"응?"

놀란 눈으로 자신을 보는 홍 대리를 향해 도해가 일부러 냉랭하게 말했다.

"오늘 준비 많이 하셨네?"

"내가 너한테 잘못한 일이 워낙 많잖니? 속죄하는 마음으로 준비했어."

"좋아, 그럼 한번 물어 보자. 당신이 대체 뭘 잘못했는데?"

순간 홍 대리는 움찔했다. 도해는 싸움의 끝자락에 늘 "네가 뭘 잘못했는데?"라고 묻곤 했고, 그는 적당한 대답을 찾지 못해 전전긍긍했었다.

그러나 오늘만은 달랐다. 도해가 청진기형뿐 아니라 현미경형 성향도 가졌음을 깨닫고 비장의 카드를 준비했던 것이다. 홍 대리가 천천히 자리에서 일어섰다. 그리고 도해 앞에 한쪽 무릎을 꿇었다.

놀란 도해가 다른 테이블의 손님들을 둘러보며 창피한 듯이 말했다.

"지금 뭐하는 거야? 빨리 안 일어나?"

하지만 홍 대리는 꿈쩍도 하지 않은 채 도해를 향해 똑똑히 말했다.

"도도해, 나와 결혼해줄래? 여러 가지로 부족하지만 너만 허락해준다면 최고의 남편이 되도록 최선을 다할게."

"……."

놀란 도해가 아무 말도 못하고 입을 크게 벌렸다. 솔직히 그녀가 홍 대리에게 그처럼 화를 낸 것은 바로 이 소리를 듣고 싶어서였다. 부모님이 선을 보란다고 말했더니 누가 선머슴아 같은 너를 데려가겠냐며 킥킥대던 남자 친구였다. 어떤 여자라도 그런 남자에겐 인생을 맡기고 싶지 않을 것이다.

그 어리바리한 남자가 드디어 정신을 차리고 자신 앞에 무릎을 꿇은 것이다. 일생일대의 가슴 떨리는 순간이 아닐 수 없다.

그러나 그녀는 애써 감정을 눌렀다. 이 철부지 같은 남자가 진짜 정신을 차렸는지 확인하는 게 우선이었다.

"결혼 계획은 구체적으로 서 있는 거야?"

"결혼 계획……?"

도해의 질문에 홍 대리가 흠칫했다. 어떤 이벤트로 프러포즈를 할지에 대해서만 고민했지 그 이후의 일을 구체적으로 생각해 보지 않았던 것이다.

어떻게 대답해야 좋을지 잠시 머리를 굴리던 홍 대리가 버릇처럼 가슴을 두드렸다.

"나, 홍풍호야. 내가 다 알아서 할 테니 나만 믿어."

동시에 도해의 얼굴이 겨울 벌판처럼 변했다. 홍 대리도 찔끔했다. 일이 틀어졌음을 알아차렸지만 도대체 무엇이 잘못됐는지 알 수가 없었다. 한동안 홍 대리를 쏘아보던 도해가 간신히 화를 참으며 입을 열었다.

"우리 인생에서 결혼은 그야말로 중대한 문제야. 알지?"

"다, 당연하지."

"그런데 홍풍호 당신은 아무런 계획도 없이 또 큰소리만 뻥뻥 치고 있어. 나도 이제 곧 서른이야. 여자 나이 서른이 어떤 의미인지 알아?"

"……."

도해의 목소리가 싸늘해질수록 홍 대리는 꿀 먹은 벙어리가 되어갔다. 대답을 기다릴 생각도 없었다는 듯 도해가 말을 이었다.

"당신처럼 아무 계획도 없이 허풍만 치는 남자한테 넘어가지 않을 만큼 충분히 철이 들었다는 뜻이야. 사람들이 당신을 왜 허풍선이라고 부르는지 아직 모르겠어? 제발 철 좀 들어!"

그 말을 끝으로 도해는 자리를 박차고 일어섰다. 황급히 따라 일어선 홍 대리가 입구를 향해 빠르게 걸어가는 도해의 뒷등을 향해 손을 뻗었다.

"도해야! 도도해!"

하지만 도해는 한 번도 돌아보지 않은 채 사라져버렸다. 멍하니 손을 내뻗은 홍 대리의 시선이 저쪽 카운터 안쪽에서 놀란 표정을 짓고 있는 지배인과 마주쳤다. 지배인이 어색하게 웃으며 어깨를 으쓱했다. 자신을 동정하는 듯한 그 웃음에 더욱 맥이 빠진 홍 대리는 풀썩 자리에 주저앉았다.

'나의 명백한 실수다.'

불행 중 다행이라면 홍 대리가 잘못을 자각하고 있다는 것이었다. 도해가 자신의 청혼을 원한다는 생각은 맞았지만 구체적인 결혼 계획까지 요구할지는 미처 예측하지 못했다. 현실적인 사람이라면 당연히 어디서 결혼식을 올리고, 신혼여행은 어디로 떠나며, 신혼살림은 어떻게 시작할지 계획을 세우는 게 당연했다. 무작정 청혼만 했지 그런 현실적인 문제들은 전혀 고려하지 않은 스스로가 한심하고 부끄러울 따름이었다. 홍 대리는 앞에 놓인 와인 잔을 잡고 벌컥벌컥 들이켰다.

"모쪼록 조심해서 돌아가십시오."

지배인의 배웅을 받으며 발리를 나선 홍 대리는 집으로 향하지 않았다. 그냥 돌아가기엔 기분이 너무 엉망이었다.

거리의 포장마차에 들러 소주를 두 병이나 비웠다. 포도주에 이어 꽤 많은 술이 들어갔지만 이상하게 취기는 오르지 않았다.

포장마차를 나온 그는 다시 정처 없이 걸음을 옮겼다. 늦은 시간이었지만 무더운 밤거리는 제법 많은 사람으로 북적였다.

'저 사람들은 어딜 저리 바삐 가는 것일까?'

문득 저 많은 사람 중 과연 몇이나 확실한 목표를 향해 움직이고 있는지 궁금해졌다. 아마 대부분은 별 목적도 없이 하루하루를 견디고 있으리라. 어느 책에선가 지구를 가리켜 숱한 사람이 어디로 가는지조차 모른 채 매일 어디론가 바삐 떠나는 이상한 행성이라고 하지 않았던가.

홍 대리도 백 이사를 만나 협상에 대해 배우기 전까진 저들처럼 목표 없는 인생을 살았다. 하지만 더는 그렇게 살고 싶지 않았다. MR로서도 성공하고 싶었고 사랑에도 성공한 남자가 되고 싶었다.

'과연 잘 해낼 수 있을까?'

도해의 냉랭한 뒷등을 떠올리자 스스로에 대한 의구심이 목

밑까지 차올랐다. 그렇지만 이 최악의 고비를 이겨내고 당당한 협상가가 되고 말겠다는 오기를 꼭 붙들었다. 백 이사의 말처럼 우리의 모든 생활이 곧 협상이고, 협상력을 갖추지 못하면 인생 자체가 고달파질 테니까.

자꾸만 처지려는 어깨를 바로 세우며 홍 대리는 습하고 무거운 공기를 뚫고 천천히 나아갔다.

지난밤의 과음 때문에 정신이 멍했지만 날이 밝자마자 서둘러 출근했다. 사무실 문을 열고 들어가면서 그의 시선은 도해부터 찾았다. 그녀는 자기 자리에 앉아 조용히 모니터를 응시하고 있었다. 딱딱하게 굳은 그녀의 뒷등에선 다시는 홍 대리에게 마음을 열지 않겠다는 결의가 엿보였다. 그녀의 서슬 퍼런 기세에 감히 다가갈 엄두도 내지 못하고 홍 대리는 핸드폰을 꺼냈다. 그리고 한참을 망설이다가 단축키 1번을 눌렀다.

'죄송합니다. 고객님 핸드폰 전원이 꺼져 있어……'

도해의 핸드폰은 꺼져 있었다. 좌절에 빠진 홍 대리는 팀원들이 담당 병원으로 가기 위해 하나둘 자리를 떠날 때까지 고개를 숙이고 있었다. 맨 마지막으로 홍 대리도 노트북 가방을 어깨에 메고 일어섰다. 연애도 중요했지만 일을 포기할 수는 없었다.

우진대학병원으로 간 홍 대리는 김 과장과 지루한 심리전을 벌였다. 하지만 도해로 인해 풀이 가뜩 죽은 상태에서 일이 잘 될 리가 없었다. 결국 홍 대리는 평소보다 조금 일찍 병원을 나섰다.

사무실에 돌아와 보니 도해는 그가 나갈 때의 모습 그대로 여전히 모니터만 뚫어져라 보고 있었다. 그런 그녀의 뒷모습을 뚫어져라 응시하며 홍 대리는 한두 시간을 훌쩍 보냈다. 팀원들이 퇴근 준비를 서두를 즈음 홍 대리는 무언가 결심한 얼굴로 노트북을 켰다.

그런 홍 대리 앞으로 최 대리가 다가와 술잔 기울이는 시늉을 하며 말했다.

"홍 대리, 오늘 간만의 회식인 거 몰라? 빨리 컴퓨터 끄고 일어나라고."

홍 대리가 아랫배를 움켜쥐며 손사래를 쳤다.

"아휴, 지난밤에 과음을 해서 말이야. 오늘은 좀 봐주라."

"그래도 전체 회식인데……."

섭섭한 표정을 짓는 최 대리 뒤쪽에서 짜증 섞인 목소리가 들려왔다.

"그냥 내버려두고 가자고!"

"!"

놀란 홍 대리가 돌아보자 불만 가득한 얼굴로 걸어오는 양 부장이 보였다.

"맡긴 일은 해결도 못하면서 어디 가서 술이나 퍼마시고, 정작 사무실 회식에는 참석도 못하고…… . 홍 대리, 자네 요즘 왜 그 모양이야, 엉?"

"죄송합니다. 다음부턴 주의하겠습니다."

양 부장이 사과도 받지 않은 채 최 대리의 팔을 잡아끌었다.

"혼자 술 마시느라 바쁜 홍 대리 놔두고 우리끼리 가자고, 최 대리."

"예? 아, 예."

도리 없이 끌려나가다시피 하는 최 대리를 눈으로 배웅하는데 그 무리에 어울려 나가는 도해가 보였다.

"후─우─우."

팀원들이 모두 빠져나가자 사무실은 한순간 적막해졌다. 착 가라앉은 공기가 홍 대리의 깊은 한숨에 출렁인다. 그는 의자를 끌어당겨 노트북 앞에 바싹 다가앉았다. 그러고는 능숙하게 자판을 두드리며 방금 전에 생각해낸 '결혼 계획서'를 작성하기 시작했다. 자신의 현재 재정 상태와 월급을 가지고 어떻게 결혼식을 올리고, 어떻게 신혼살림을 시작하며, 또한 협상력을 갖춘 MR로서 어떻게 미래를 개척할 것인지 수치와 논리적 근거를 들어 꼼꼼히 기록해나갔다. 그 어떤 과장이나 섣부른 기대도 배제했다. 오직 냉철한 사고를 바탕으로 철저히 현실적인 계획서가 되도록 노력했다.

이것은 결혼 계획서인 동시에 도해에게 바치는 반성문이기도 했으므로 거짓과 허풍이 끼어들 공간 따위 없었다.

"후아, 이것도 쉬운 일은 아니군."

A4 용지 열 장 분량의 계획서 작성을 마쳤을 때는 이미 자정을 넘어서고 있었다. 무엇이든 진심을 담는 일은 어려운 작업인 모양이었다. 극심한 피곤이 밀려들었지만 홍 대리는 힘겹게 몸을 일으켰다. 오늘이 가기 전에 반드시 들러야 할 곳이 있었기 때문이다.

협상에 진정성만 한 무기는 없다

"아, 홍 대리님?"

영업을 마치고 종업원들과 청소 중이던 발리의 지배인이 홍 대리를 알아보고 반색했다. 급하게 달려오는 바람에 땀이 송글송글 맺힌 얼굴을 보고 덧붙여 물었다.

"오늘은 또 무슨 일이신지……?"

"안젤리나 졸리 말고 제가 이렇게 정신없이 뛰어다닐 이유가 뭐가 있겠습니까?"

"아하, 이번에도 여자친구 분 일로 오셨군요?"

"아무래도 지배인님이 한 번 더 도와주셔야겠습니다."

"뭘 어떻게 도울까요?"

사람 좋게 웃는 지배인을 향해 홍 대리가 말했다.

"이번에는 발리를 두 시간쯤 통째로 전세 냈으면 합니다만."

전폭적인 지원을 해주겠다는 지배인의 제안에 따라 발리가 휴무인 일요일 오후에 무료로 몇 시간 빌리기로 했다. 아마도 지난번 참패를 옆에서 보고 무척 안쓰러웠던 모양이다.

"지배인님이 저한테 얼마나 큰일을 해주시는 건지 아마 모르실 겁니다. 이 은혜는 언제고 반드시 갚겠습니다."

지배인이 빙그레 웃으며 말했다.

"두 분이 잘되시길 바랄 뿐입니다."

시간이 쏜살처럼 지나 어느새 금요일 오전이 되었다. 토요일은 휴무인지라 오늘 어떻게든 도해와 약속을 잡아야 하는 홍 대리는 초조하기만 했다. 한참을 망설이던 그가 핸드폰을 꺼내 도해에게 문자를 날렸다.

 우리 얘기 좀 해.

 도해야, 제발!

우리 마지막으로 딱 한 번만 만나자. 일요일 오후 다섯 시에 발리에서 딱 한 번만, 응?

아무리 절박한 문자를 날려도 도해는 묵묵부답이었다. 자꾸 문자를 보내자 보란 듯이 배터리를 뽑더니 핸드폰을 책상 서랍에 처넣어버렸다. 이쪽으론 시선 한 번 주지 않고 몸을 도사린 모습이 마치 약이 바짝 오른 살쾡이 같았다.

홍 대리는 답답하기만 했다. 발리의 지배인이 애써 만들어준 기회를 이렇게 날려보낼 순 없었다.

'좋아, 어차피 이판사판이다!'

자리에서 일어선 홍 대리가 도해를 향해 똑바로 걸어갔다. 자신의 책상 앞에 결연한 표정으로 서 있는 홍 대리를 도해가 표독스럽게 째려보았다. 팀원들도 무슨 일인가 싶어 두 사람을 보기 시작했다.

홍 대리가 나직이 말했다.

"도도해 씨, 잠깐 얘기 좀 합시다."

"전 홍 대리님과 할 얘기 없는데요."

도해가 쏘아붙였지만 그는 물러서지 않았다.

"저는 꼭 할 말이 있거든요. 한 사람의 인생이 걸린 중요한 문제입니다."

"글쎄요, 홍 대리님 인생이 저와 무슨 상관인지 모르겠군요."

"도도해 씨와 제 인생은 아주 깊은 관련을 맺고 있습니다. 저는 그렇게 확신하고 있습니다."

"지금 무슨 말을……?"

그제야 당황한 도해가 주위를 둘러보았다. 아까부터 흥미진진하게 지켜보던 팀원들이 장난스럽게 한마디씩 던지기 시작했다.

"어이, 두 사람 지금 뭐하는 거야?"

"설마 사랑싸움이야?"

"둘이 그런 사인 줄은 몰랐는데?"

"기왕 사귈 거면 싸우지들 말고 잘해 보라고."

입술을 깨물고 홍 대리를 째려보던 도해가 박차고 일어섰다. 그리고 쌩하니 사무실 문을 향해 걸어갔다. 거칠게 문을 열고 나가는 도해를 홍 대리가 헐레벌떡 쫓아갔다. 뒤쪽에서 격려 반 농담 반의 소리가 들려왔다.

"홍 대리, 힘 내!"

"퀸카를 얻는데 그 정도는 일도 아니지."

옥상의 난간 앞에 서서 도해는 후덥지근한 열기가 스멀스멀 피어오르는 거리를 내려다보고 있었다. 등 뒤에서 홍 대리의 기척이 느껴졌다. 그녀는 새삼 화가 치밀었다. 서로 합의하에 둘의 관계를 비밀에 부쳐왔는데, 홍 대리가 동의도 받지 않고 그것을 깨뜨린 것이다.

홍 대리를 향해 돌아서며 도해가 쏘아붙였다.

"분명히 말하지만 풍호 씨와는 더 이상 할 말이 없어. 우리 이쯤에서 깨끗하게 정리하자. 그게 당신 때문에 삼 년이란 시간을 허비한 여자에 대한 최소한의 예의 아닐까?"

"도해 네가 그렇게까지 말한다면 포기해야겠지. 하지만 네 말대로 우린 삼 년이란 시간을 함께 보냈어. 이대로 끝낸다면 서로에게 너무 억울하지 않을까? 일요일 오후 다섯 시까지 발리로 나와줘. 그날 나의 진심을 전할게. 만약 그런 다음에도 헤어지겠다는 마음이 변치 않는다면 나도 깨끗이 포기하겠어."

홍 대리답지 않게 시종 진지한 목소리였다.

그의 눈빛이 너무 강렬해서 똑바로 쳐다보기조차 힘들었다. 그 눈빛 때문일까. 도해는 화르르 타오르던 분노가 잦아드는 걸 느꼈다.

"…생각해 볼게."

일요일 오후, 거리는 젊은이들로 북적였다. 한여름 더위조차 그들의 역동적인 기운을 막지는 못했다. 그들이 내뿜는 열기로 거리가 조금 더 뜨거워지는 것 같았다.

더위에 지친 도해가 문을 열고 발리의 시원한 내부로 들어가자 낯익은 지배인이 반갑게 맞아주었다.

"어서 오십시오, 도도해 씨."

"어머, 제 이름을 다 기억하세요?"

지배인이 싱긋 웃어 보였다.

"실은 며칠 전까지만 해도 안젤리라 졸리라는 별명으로 기억하고 있었습니다."

"안젤리나 졸리요? 제가요?"

"예, 도해 씨는 안젤리나 졸리와 무척 닮으셨습니다."

"어머, 영광이네요."

여자의 마음을 잘 헤아리는 지배인 덕분에 그녀는 무거웠던 마음이 조금은 가벼워지는 것 같았다. 지배인이 레스토랑 안쪽으로 도해를 안내했다. 창문마다 블라인드가 쳐져 어둑하고 다른 손님은 한 명도 보이지 않았다.

"그런데 손님이 한 명도 없네요?"

"예, 오늘은 딱 한 테이블만 예약을 받았습니다."

"무슨 말씀이세요?"

"실은 홍 대리님이 저의 레스토랑을 통째로 빌리셨습니다."

"예에?"

너무 놀라 눈이 휘둥그레지는 도해를 돌아보며 지배인이 안쪽을 가리켰다.

"저쪽입니다."

순간 커다란 야자수 바로 옆 테이블에 긴장 어린 얼굴로 앉아 있는 홍 대리가 보였다. 그녀를 발견한 홍 대리가 천천히 자리에서 일어섰다. 그리고 정중히 맞은편 자리의 의자를 빼주었다. 떨떠름한 표정으로 자리에 앉는 도해를 향해 지배인이 빙 긋 웃으며 고개를 숙였다.

"두 분, 모쪼록 즐거운 시간 되십시오."

"고마워요."

지배인이 사라지고 도해는 마침내 홍 대리와 단둘이 남게 되었다. 그녀의 시선이 테이블 위에 놓인 프레젠테이션용 프로젝터와 노트북에 쏠렸다. 이런 게 왜 이 자리에 있는지 궁금하긴 했지만 화난 사람처럼 정면만 응시했다.

그녀의 표정을 살피던 홍 대리가 먼저 입을 열었다.

"안 올까 봐 걱정했어. 고마워."

"……."

대꾸가 없자 홍 대리는 묵묵히 노트북과 프로젝터를 케이블로 연결하기 시작했다. 도해의 미간이 절로 찌푸려졌다.

'바쁜 사람 불러놓고 프레젠테이션이라도 하겠다는 거야, 뭐야?'

프로젝터 설치를 끝낸 홍 대리가 정말 노트북의 엔터키를 누르며 말했다.

"지금부터 우린 과거로 여행을 떠나게 될 거야. 그 여행이 끝날 때까지만이라도 내게 시간을 주면 고맙겠어."

이 남자가 또 무슨 엉뚱한 짓을 벌이나 싶어 도해는 내심 혀를 찼다. 하지만 프로젝터에서 쏘아진 빛이 흰 벽면에 부딪히며 물결처럼 잔잔한 영상으로 번졌을 때, 도해는 그만 깊은 숨을 훅 들이마시고 말았다.

"저건……?"

놀란 눈으로 홍 대리를 돌아보았지만 그는 조용히 벽면에 차례로 떠오르는 영상들을 응시할 뿐이었다. 그녀는 동그래진 눈을 다시 벽면으로 돌렸다. 그 영상과 잘 어울리는 잔잔한 음악이 레스토랑 안에 흐르기 시작했다.

'절대 넘어가지 말아야지. 절대!'

홍 대리의 속내가 빤히 들여다보이는 것 같아 어금니를 깨물며 다짐했지만, 그녀는 어느새 파노라마처럼 펼쳐지는 영상에 빠져들고 있었다. 하얀 벽면에는 홍풍호와 도도해의 지난 삼년이 흘러가고 있었다.

첫 데이트 날 엉망으로 취해 밤거리에서 찍었던 스티커 사진, 백 일째 날을 기념하며 서로의 얼굴에 케이크를 잔뜩 묻힌 채 어깨동무를 하고 찍은 사진, 서해의 어느 섬인가로 여행을 갔을 때 낙조를 바라보며 사랑이 영원하길 기원했던 사진, 그리고 비가 억수로 퍼붓던 어느 날 한바탕 격렬한 싸움 끝에 화해를 하고 흠씬 젖은 몰골로 찍은 사진들이 차례로 지나갔다. 좋았던 시간보다 힘들었던 시간이 많았지만 추억이란 그 시간들조차 전혀 다른 빛깔로 장식하는 마법의 포장지와도 같았다.

기뻤거나 슬펐거나 지난날들은 추억이 되고, 모든 추억은 마음속 보석으로 남는 모양이라고 그녀는 생각했다. 특히 마지막 사진이 그녀의 눈을 사로잡았다.

아마도 작년 겨울이었을 것이다. 스키장에 놀러갔다가 두 사람은 지갑이 들어 있는 가방을 통째로 잃어버렸다. 두 사람의 수중에는 서울로 돌아갈 때 쓸 여비 정도밖에 없었다. 결국 스키 한번 타 보지 못하고 발길을 돌려야 했는데 하필 그날은 몇 십 년 만이라는 폭설이 퍼부었다. 택시를 탈 여유도 없던 둘은 머리끝까지 짜증이 치민 상태에서 무작정 기차역을 향해 걷기 시작했다.

추위와 배고픔을 참으며 눈보라를 뚫고 걷던 그녀가 갑자기 길바닥에 주저앉아 펑펑 울기 시작했다. 한동안 난감한 얼굴로 그녀를 내려다보던 홍 대리가 말없이 등을 내밀었다. 그리고 어린 동생을 달래는 오빠처럼 그녀를 업고 걷기 시작했다. 눈사람처럼 변한 홍 대리가 역시 눈사람처럼 눈을 뒤집어쓴 도해를 업고 수 킬로미터나 되는 눈길을 걸었다.

"앞으로 오늘보다 더 힘든 날도 많겠지만 우리 잘 헤쳐나가자. 그땐 내가 오늘처럼 또 업어줄게."

자신을 업고 걸으며 중얼거리던 홍 대리의 목소리가 귓가에 들리는 듯했다. 그때 이 남자의 등이 아마 세상에서 가장 따뜻할 것이라고 생각했던 기억이 생생했다.

사진 속 낯선 지방의 기차역 앞에서 홍 대리는 도해를 업은 채 환하게 웃으며 서 있었다. 마침 역에서 나오던 여고생에게 부탁해서 사진을 찍었었다. 참 많이도 다투고 악담도 퍼부어댔지만 되돌아보니 다 소중한 순간이었다.

마침내 둘만의 과거가 담긴 영상이 끊겼다.

"후우우."

크게 심호흡을 하며 그녀는 생각했다. 가난한 집안의 독자에 비전조차 불분명한 남자였지만 그녀가 마음을 빼앗긴 데는 다 이유가 있었다. 아직 홍 대리만큼 마음이 따뜻한 남자를 만나보지 못했던 것이다. 하지만 거기까지라고 그녀는 생각했다. 결혼은 엄연한 현실의 문제였고 인간성만 보고 모험을 걸기엔 자신도 적은 나이가 아니었다.

마음을 독하게 먹고 일어서려는 그녀에 한 발 앞서 홍 대리가 레이저포인터를 뽑아들며 영상이 지나갔던 흰 벽 옆에 섰다. 그리고 그녀를 향해 차분한 어조로 말하기 시작했다.

"예전의 나였다면 옛 추억을 들먹이는 것만으로 널 잡으려고 했을 거야. 그리고 그런 나의 철없음이 널 또 힘들게 했겠지. 하지만 오늘은 조금 다른 모습을 보여주고 싶어. 이것으로 나의 진심이 전해져서 내가 변할 수 있다고 믿어진다면 한 번만 더 기회를 주었으면 해."

도대체 무슨 말을 하는지 몰라 어리둥절해하고 있을 때 흰 벽면에 갖가지 숫자와 도표가 빼곡한 문서 같은 것이 커다랗게 떠올랐다. '홍 대리의 결혼 계획서'라는 제목이 그녀의 시야를 가득 메웠다.

홍 대리가 레이저포인터로 수치들과 도표들을 가리키며 현재 자신의 재정 상태와 연봉 등을 자세히 설명하기 시작했다.

"보다시피 저축은 거의 없고, 지금 살고 있는 원룸 보증금이 전 재산이라고 할 수 있어. 연봉이라고 해 봤자 인센티브도 못 챙기는 상태에서 차 떼고 포 떼고 나면 보통 월급쟁이 수준을 턱걸이하는 정도야. 아마 이 상태에서 결혼하게 되면 방 두 칸 짜리 전셋집에서 신혼살림을 시작할 수밖에 없겠지. 아니, 조금 더 솔직히 말하면 그 정도도 지금의 내겐 무리일지 몰라."

얘기하는 도중 자주 헛기침을 하는 홍 대리를 보며 도해는 그가 지금 얼마나 힘들어하는지 짐작할 수 있었다. 당장 내일 굶어죽어도 큰소리를 뻥뻥 치던 남자가 바로 홍 대리였다. 그래서 허풍선이라 불리지 않는가. 그런 그가 사랑하는 여자 앞에서 이처럼 자신의 처지를 낱낱이 고백하기란 결코 쉬운 일이 아닐 것이다.

하지만 도해는 사랑하는 여자를 위해 자존심을 팽개칠 용기를 낸 홍 대리가 오히려 대견스러웠다. 그녀가 기대했던 홍 대리의 모습은 바로 이런 것이었다. 자존심을 버리고 냉철한 현실 인식과 현명한 대응으로 자신을 보호해줄 남자. 이제야 홍 대리는 도해 자신이 왜 그토록 실망했는지 정확하게 이해한 듯 보였다.

힘들게 자신의 치부를 드러낸 홍 대리가 레이저포인터로 계획서의 마지막 부분을 짚었다. 그의 목소리에도 조금은 힘이 실렸다.

"알고 있는지 모르겠지만 실은 얼마 전부터 백 이사님에게 협상에 대해 배우기 시작했어. 이제 시작 단계에 불과하지만 협상력이 생기기 전의 나와 생긴 후의 나는 완전히 다른 사람이 될 거라는 것만은 확실해. 내가 할 수 있는 모든 노력을 기울여 최대한 빨리 협상력을 키울 생각이야. 그렇게 되면 삼 년 후쯤 내 연봉은 지금보다 훨씬 나아질 거야. 그때쯤이면 작은 아파트라도 장만해서 우리도 남부럽지 않게 살 수 있을 거야. 그러니 도해야, 지금의 나보다는 미래의 협상 전문가 홍풍호를 믿고 결혼해주지 않겠니?"

홍 대리가 하고 싶은 말을 모두 마쳤다. 도해는 아무 말 없이 흰 벽면에 비친 결혼 계획서만 뚫어져라 응시하고 있었다. 긴장한 홍 대리가 저도 모르게 꿀꺽, 마른침을 삼켰다. 바로 그때 도해가 천천히 자리에서 일어서는 게 보였다.

'아, 결국 실패인가?'

홍 대리는 온몸에 힘이 빠지면서 저절로 고개가 떨어졌다. 눈물이 날 것 같았다. 그 짧은 몇 초의 순간에 홍 대리는 나락까지 떨어지는 기분을 느꼈다. 그때였다.

– 짝짝짝!

갑작스러운 박수 소리에 흠칫 고개를 들었다. 만면에 미소를 머금고 박수를 치는 도해의 모습이 시야를 가득 메웠다.

"수고했어, 홍풍호. 내 생애 최고의 프레젠테이션이었어."

"그, 그럼……?"

"프러포즈 받아들일게."

"도도해!"

흥분한 홍 대리가 도해를 와락 끌어안았다. 그동안 마음고생이 심했을 홍 대리의 등을 도해가 부드럽게 쓸어주었다. 약간 떨어진 곳에서 지배인이 이제 막 새로운 출발선에 선 두 사람을 흐뭇하게 지켜보며 서 있었다.

"휘휘."

아침 일찍 회사에 나와 책상을 정리하는 홍 대리의 입에선 절로 휘파람이 흘러나왔다. 그런 홍 대리를 향해 팀원들이 한마디씩 농담을 던졌다.

"어이, 홍 대리. 도해 씨와 잘돼가는 모양이지?"

"국수는 언제 먹여주는 거야?"

뜨끔한 홍 대리가 도해 쪽을 힐끗 보았다. 평소 같으면 펄쩍

뛰었을 그녀가 고개는 푹 숙였지만 살짝 웃고 있는 게 보였다.

용기백배한 홍 대리가 호기롭게 외쳤다.

"올 가을이 가기 전에 결혼할 겁니다. 모두 축하해주십시오."

얼굴이 홍당무처럼 변한 도해가 홍 대리를 째려보며 사무실을 빠져나갔고, 놀란 팀원들은 와자하게 떠들어댔다.

"우와, 정말 결혼하는 거야?"

"홍 대리가 잭팟을 터뜨렸군."

"대체 도도한 도해 씨를 어떻게 사로잡은 거야, 엉?"

"홍 대리, 크게 한 턱 쏴야겠어."

뒤통수를 긁적이며 팔불출처럼 웃던 홍 대리는 핸드폰이 진동하자 멈칫했다. 폴더를 열어 보니 도해로부터 문자가 도착해 있었다.

 빨리 옥상으로 올라와.

쌀쌀한 문장 때문에 정말 화가 난 것은 아닌가 걱정하며 서둘러 옥상으로 향했다. 도해는 근심 가득한 얼굴로 서 있었다. 그러나 홍 대리 때문은 아니었다.

"엄마가 풍호 씨를 좀 만나재."

"어, 어머님이 왜?"

당황한 홍 대리가 숨넘어가는 소리로 물었다. 덩달아 도해의 표정도 조금 더 어두워졌다.

"실은 나 대리가 엄마한테 인사를 드린 적이 있거든."

잠시 멍한 표정이 되었던 홍 대리가 애써 태연을 가장하며 중얼거렸다.

"그래……. 나 대리가 어머님께 인사까지 드렸었구나."

"오해는 하지 마. 내게 허락도 받지 않고 엄마가 운영하는 커피숍에 무작정 쳐들어갔던 것뿐이니까."

적극적으로 변명하는 그녀를 보자 홍 대리는 안심이 되었다.

"그래서 어떻게 됐는데?"

"솔직히 엄마는 나 대리가 마음에 드셨던 모양이야. 그러잖아도 혼기가 꽉 찬 딸내미가 걱정이었는데 적당한 짝이 나타났다고 생각하신 것 같아."

홍 대리는 어쩔 수 없이 고개를 끄덕였다. 그가 생각하기에도 나 대리는 괜찮은 조건의 사윗감이었다.

"그런데 네가 갑자기 나와 결혼하겠다고 하니 걱정이 되셨던 거구나?"

"미안해."

사과하는 도해를 향해 홍 대리가 황급히 손을 저었다.

"네가 왜 미안해? 굳이 사과를 하자면 능력도 없이 네 마음을 훔친 내가 해야지."

"홍 대리님, 제법이시네?"

"응, 뭐가?"

"예전 같으면 발끈해서 막 짜증을 부렸을 텐데, 오히려 날 감싸주고 있잖아. 정말 그 협상력이라는 게 사람을 변하게 하긴 하는 모양이네, 호호."

"그래, 나도 조금씩 변해가는 자신이 느껴져. 하지만 어머님을 만나뵙는다고 생각하니 다리가 막 후들거린다."

도해가 홍 대리의 손을 꼭 잡아주었다. 사랑하는 이의 따뜻한 체온이 전해지자 가슴에 따뜻한 물이 차오르는 것처럼 편안해졌다. 이 여자를 위해서라면 하늘의 별이라도 따다주고 싶은 심정이었다.

"기운 내세요, 홍 대리님. 당신은 미래의 협상 전문가잖아. 이번에야말로 모든 능력을 발휘할 때야."

홍 대리가 두 눈에 잔뜩 힘을 불어넣으며 고개를 끄덕였다.

"알았어, 지금껏 배운 협상력을 총동원해서 어머님의 마음을 꼭 사로잡을게."

일은 일사천리로 진행되어 그로부터 사흘 후, 홍 대리는 도해 어머님과 상견례를 갖게 되었다. 약속 장소는 어머니가 운영하는 커피숍이었다.

도해와 함께 커피숍으로 향하는 홍 대리는 심장이 두방망이 질 치고 있었다. 손바닥에는 식은땀이 흥건히 고였다.

"후아아."

심호흡을 하며 홍 대리는 흥분을 가라앉히려고 노력했다. 잠시 눈을 지그시 감은 채 스스로를 향해 이렇게 말했다.

'우리의 모든 생활이 협상의 연속이잖아. 어머님과의 협상도 반드시 거쳐야 할 관문 아니겠어?'

커피숍 앞에 도착하자 도해가 그를 걱정스럽게 돌아보았다.

"괜찮겠어?"

"응, 끄떡없어."

애써 미소를 지으며 홍 대리는 오른손으로 가슴 부분을 짚었다. 안주머니에 비장의 무기가 들어 있었던 것이다. 홍 대리는 도해에게 프러포즈할 때 보여줬던 결혼 계획서를 좀 더 간단히 정리해서 출력해 왔다. 도해로부터 전해들은 정보에 의하면 어머니는 지극히 현실적인 현미경형에 가까운 분이었다. 이 계획서는 그런 어머니의 마음을 돌리는 데 도움이 될 것이다.

하지만 시베리아 벌판처럼 냉랭한 기운을 뿜어대는 어머님과 마주 앉고 보니 홍 대리는 자신이 너무 순진하게 생각했음을 깨달았다. 어머니는 계획서를 건성으로 훑어보더니 그가 뭐라고 설명하기도 전에 휙 되돌려주었다.

그러고는 그의 눈을 똑바로 보며 딱 잘라 말했다.

"내 눈에 흙이 들어가기 전에는 이 결혼 승낙할 수 없네."

"엄마!"

도해가 항의해 보았지만 어머니는 단호했다.

"넌 가만히 있어, 철딱서니 없는 것아. 결혼이 무슨 애들 장난인 줄 알아?"

"엄마, 정말 이럴 거야?"

자신에 대한 미안함 때문에 눈물까지 글썽이며 엄마한테 따지려드는 도해의 팔을 홍 대리가 슬며시 당겼다. 어머니의 마음이 이렇게 굳어 있는 상태에선 협상 자체가 불가능할 게 뻔했다. 제안은 때가 무르익었을 때 해야 한다는 사실을 이제는 홍 대리도 알고 있었다.

커피숍 밖으로 나온 도해는 울상이 되어 사과부터 했다.

"정말 미안해. 엄마가 저렇게 막무가내로 나올 줄은 몰랐어."

하지만 그는 다른 생각을 하고 있었다. 도해는 어머니가 돈에 대한 집착이 강하고, 지나치게 현실적인 현미경형이라고 말했었다. 하지만 '내 눈에 흙이 들어가기 전에는 이 결혼 절대 승낙할 수 없다'고 흥분하시는 모습은 현미경형과는 조금 거리가 있어 보였다.

"홍 대리님, 화 많이 나셨어요?"

그가 말이 없자 화가 났다고 생각한 도해가 팔짱을 끼며 애교를 부렸다.

안심하라는 듯 웃으며 그가 물었다.

"혹시 말이야……."

"응, 뭐?"

"어머님도 도해처럼 다혈질이신가?"

"어, 그걸 어떻게 알았지?"

도해가 놀랍다는 표정으로 말을 이었다.

"우리 엄마 평소엔 굉장히 냉철하신데 일단 화가 났다 하면 완전 활화산이야. 나도 제법 다혈질이지만 엄마에 비하면 아무것도 아니야. 엄마가 화를 내면 온가족이 벌벌 떨어. 아빠도 요령껏 피하려고 하신다니까."

"흐음, 그렇단 말이지?"

심각하게 고개를 끄덕이며 홍 대리는 도해 어머니가 현미경형 외에 청진기형 성향도 가졌을지 모른다고 생각했다.

"안녕하세요, 어머님? 저 또 왔습니다."

며칠 후 점심시간, 홍 대리가 반갑게 커피숍 문을 밀고 들어섰다. 여느 날처럼 그의 손에는 장미꽃 한 송이가 들려 있었다. 저쪽에서 아르바이트생과 무슨 말인가를 주고받던 도해 어머니의 표정이 굳어졌다. 하지만 홍 대리는 개의치 않고 애교 넘치게 웃으며 꽃을 건넸다.

"어머님, 오늘도 행복한 하루 되십시오."

"자네 내가 그렇게 오지 말라고 했는데 또 나타났나? 내 말이 그렇게 우습게 들린단 말이지?"

손님들에게 들릴까 봐 낮은 음성으로 꾸짖으면서도 어머니는 버릇처럼 꽃을 받았다. 이제는 홍 대리의 낯을 익힌 아르바이트생들이 웃음을 참으며 멀찍이 물러서는 게 보였다. 어머니와의 첫 만남 이후, 그는 매일 점심시간마다 짬을 내어 커피숍에 들렀다. 그리고 장미 한 송이에 자신을 매몰차게 내치지 못하는 어머니에게 청진기형 성향이 있음을 확신하게 되었다.

"어머님을 하루라도 뵙지 않으면 섭섭해요. 이제 어머님이 꼭 저희 친어머니처럼 느껴집니다, 하하하."

넉살 좋게 웃으며 빈 테이블에 앉는 홍 대리를 향해 어머님은 살짝 눈을 흘기셨다. 그러고는 쌩하니 돌아서면서 아르바이트생에게 외쳤다.

"혜선아, 저 불청객에게 아이스커피 한 잔 갖다주렴!"

주방 안에서 작은 화병에 꽃을 꽂는 어머니를 훔쳐보며 홍 대리는 철옹성 같았던 마음이 조금씩 열리고 있음을 느낄 수 있었다.

그간의 과로 탓인지 홍 대리는 지독한 여름 독감에 걸렸다. 40
도를 넘나드는 고열 때문에 사흘 동안이나 출근도 못하고 원룸
에만 틀어박혀 있었다. 김 과장 건에 겹쳐 도해와의 결혼 문제까
지 터지면서 한동안 지나치게 무리한 탓인 듯했다.

"으이그, 무슨 냉장고에 먹을 게 아무것도 없냐? 이러니 골
골할 수밖에."

월차까지 내서 일부러 찾아온 도해가 텅 빈 냉장고를 열어
보곤 혀부터 찼다. 남자 혼자 사는 살림이란 게 원래 있으면 먹
고, 없으면 굶는 식이다. 도해가 없었다면 고열 속에 홀로 누워
멍하니 천장을 보며 설움을 곱씹었을 것이다.

원룸 가득 고소한 참기름 냄새가 퍼졌다. 전복죽을 끓이는
도해의 뒷모습을 지켜보며 홍 대리는 자신이 참 운 좋은 남자
라고 생각했다.

"자, 일어나. 죽 먹고 약 먹어야지."

홍 대리를 일으킨 도해가 손수 죽을 후후 불어 그의 입에 떠
넣어 주었다. 입안이 깔깔해 식욕이 전혀 없었는데도 죽 한 숟
가락이 들어가니 갑자기 식욕이 발동했다. 사랑하는 여자의 정
성이 듬뿍 담긴 죽 한 그릇을 뚝딱 비우고 나자 감기가 뚝 떨어

져나간 것 같았다.

"언제 이렇게 음식 솜씨를 갈고 닦으셨을까? 당장 시집 와도 되겠는걸."

"호호. 내가 한 음식 하지. 실은 우리 엄마 손맛이 장난이 아니거든. 어깨너머로 배운 솜씨가 이 정도니 앞으로 기대하셔도 좋다구요."

어머니 얘기가 나오자 홍 대리의 표정이 심각해졌다.

"그러고 보니 감기 때문에 며칠간 어머님께 가 보지도 못했네. 조금씩 마음이 움직이시는 것 같았는데 말이야."

도해가 문득 생각났다는 듯이 말했다.

"그러잖아도 오늘 아침에 엄마가 지나가는 말처럼 물으시던데? 풍호 씨가 요즘 통 안 보인다며 무슨 일 있느냐고. 홍 대리님, 정말 능력 있으셔. 대체 어떻게 했기에 황소뿔처럼 단단하던 엄마가 그렇게 누그러진 거야?"

재미있다는 듯이 말하는 도해의 얼굴을 심각하게 보던 홍 대리가 이불을 젖히고 일어섰다.

"아무래도 가 봐야겠다."

"그 몸으로 어딜?"

"당연히 어머님한테 가야지. 쇠뿔도 단김에 뽑으라고 했어. 어머님의 마음이 움직이기 시작했을 때 박차를 가해서 허락을 받아내야 한다고."

"풍호 씨, 거울이나 보고 얘기해. 진짜 중환자처럼 핼쑥하다니까."

거울을 들여다보니 정말 창백한 게 병자처럼 보였다. 그는 오히려 잘 됐다고 생각했다.

"이러고 가면 어머님이 더 측은하게 생각하실 거 아냐?"

도해가 어림없다는 듯이 손사래를 쳤다.

"우리 엄마가? 어이구, 홍 대리님이 아직 우리 엄마를 모르시네. 바늘로 찔러도 피 한 방울 안 나오는 분이세요."

그런 도해를 향해 홍 대리가 정색하며 말했다.

"아니, 도해 어머님은 상당히 감성적인 분이야. 가족들한테는 그런 모습을 숨기며 살아오셨을 뿐이지. 내가 어머님의 마음을 반드시 움직여 보일 테니 기대하고 있으라고."

"어머님, 저 왔습니다. 콜록."

창백한 얼굴의 홍 대리가 장미꽃 한 송이를 들고 커피숍 문을 열고 들어서며 인사부터 했다.

"아니, 요 며칠 안 보여서 조용하고 좋더니 또 나타났네?"

어머니는 말은 그렇게 하지만 반가운 내색이 순간적으로 스쳐 지나갔다.

"매일 보이던 제가 안 보이니 섭섭하셨던 모양입니다. 하하!"

홍 대리가 장미꽃을 내밀며 장난스럽게 웃자 어머니가 꽃을 탁 낚아채며 정색을 했다.

"섭섭하긴 누가……?"

그의 얼굴을 차갑게 쏘아보던 어머니가 문득 고개를 갸웃했다.

"그런데 자네 얼굴빛이 왜 그러나? 어디 아픈가?"

"지난 며칠간 독감에 걸려 옴짝달싹 못했습니다. 그래서 어머님도 뵈러 올 수 없었지요."

"저런, 그래서 통 얼굴을 볼 수 없었던 게로군. 혜선아, 여기 생과일 주스 한 잔 내오련?"

주방을 향해 외치는 어머니를 홍 대리가 재빨리 만류했다.

"어머님, 주스는 됐습니다. 그보다 오늘은 회사도 결근했으니 저와 야외로 나가시죠? 제가 근사한 곳에서 저녁 한 끼 대접하겠습니다."

"자네와 저녁식사를……?"

어머니는 꺼리는 표정이 역력했다. 그랬다가는 결혼을 승낙하는 것으로 비칠까 두려운 모양이었다. 홍 대리가 그런 어머니를 안심시켰다.

"결혼 얘기는 절대 꺼내지 않을 테니 부담 갖지 마시고요."

"흠흠, 그렇다면야……."

가평의 호변 한식당에서 홍 대리는 어머님과 마주 앉았다. 고풍스러운 한옥에 정갈한 한지가 발라진 문을 열면 탁 트인 호수가 앞마당처럼 펼쳐지는 곳이었다. 홍 대리는 이곳을 인터넷을 뒤져 찾아냈다. 아직 노을의 잔광이 남아 있는 하늘과 어둠이 먹물처럼 번지기 시작한 호수는 묘한 빛깔의 대조를 이루고 있었다.

한여름 초저녁의 아름다운 호수를 배경으로 닭볶음과 간장게장을 곁들인 저녁식사를 들며 어머니는 흡족한 표정을 지었다. 그렇게 마음이 풀린 어머니와 이런저런 개인사 이야기를 나누었다. 어머니는 홍 대리의 가정사를 궁금해했고, 그는 최대한 솔직하게 말했다. 젊어서 청상이 된 어머니가 자신을 얼마나 힘들게 키웠는지에 대해 얘기할 때는 저도 모르게 목이 메기도 했다.

그런 홍 대리를 측은하게 바라보던 어머니가 반주로 나온 인삼주를 한 모금 들고는 말했다.

"자식을 낳고 키운다는 게 쉬운 일이 아니지. 나만 해도 남편이 너무 일찍 은퇴하는 바람에 도해와 두 동생을 키우느라 안 해 본 일이 없어. 옛날에는 팝송을 좋아하는 꿈 많은 소녀였던 내가 푼돈 몇 푼에 벌벌 떠는 억척스러운 아줌마가 될 줄은 상상도 못했지."

쓸쓸하게 변하는 어머니의 얼굴을 보며 홍 대리는 어쩌면 이래서 사람의 유형을 분류하는 것이 어려운지도 모른다고 생각했다. 아무리 감정이 풍부한 청진기형 사람일지라도 삶에 치이다 보면 본래의 성향은 가슴 깊이 묻어두고, 현미경형이나 돈보기형처럼 현실적인 면에만 집착하며 살아가게 된다. 누군가를 제대로 파악하려면 그 사람의 내면까지 진정으로 이해하는 수밖에 없는 것이다.

어머니의 빈 잔에 인삼주를 따르며 그가 조심스럽게 입을 열었다.

"어머니와 단둘이 살며 늘 외로웠습니다. 그래서 나중에 결혼하면 장인어른과 장모님 그리고 처가 식구들을 친 가족처럼 여기며 살겠다고 결심했습니다. 제가 부족한 점이 많지만 이런 마음을 보시고, 도해와의 결혼을 허락해주시면 안 될까요?"

"으음……."

홍 대리의 얼굴을 바라보며 어머니는 한동안 말이 없었다. 하지만 홍 대리는 어머니의 완강하던 눈빛이 흔들리고 있음을 똑똑히 보고 있었다. 자꾸 약해지려는 마음에 스스로 당황한 듯 어머니가 서둘러 일어섰다.

"결혼 얘기는 안 한다고 해놓고선. 늦었구면, 이만 돌아가세."

"어머님!"

황급히 따라 일어서는 홍 대리는 절박한 눈빛이었다. 그 눈빛이 부담스럽다는 듯 어머니가 문을 향해 돌아섰다.

식당의 작은 정원을 가로질러 입구로 향하는 어머니의 뒷모습을 홍 대리가 멍하니 바라보며 서 있었다. 왠지 이대로 보내면 다시는 기회가 오지 않을 것 같았다. 서둘러 신발을 신은 홍 대리가 어머니를 향해 빠르게 걸어갔다. 그리고 어머니의 앞을 가로막으며 털썩 무릎을 꿇었다.

주위의 손님들이 웅성거리며 무릎을 꿇은 홍 대리와 당황한 표정으로 서 있는 어머니를 쳐다보았다.

"자네 왜 이러나? 빨리 일어서지 못하겠나?"

"죄송합니다, 어머님. 하지만 이렇게라도 하지 않으면 어떻게 어머님의 허락을 받을 수 있겠습니까?"

"창피하니까 빨리 일어서래도!"

"결혼을 허락해주실 때까진 절대 일어서지 않겠습니다. 제발 허락해주십시오."

감정이 울컥 솟구친 홍 대리의 눈에 눈물이 그득 고였다. 도해와 헤어지겠다고 결심하고 괴로워했던 날들이 주마등처럼 스치고 지나갔다.

고개를 떨군 채 눈물을 뚝뚝 흘리는 홍 대리를 한동안 물끄러미 보던 어머니가 나직이 입을 열었다.

"자네 지금 원룸에 살고 있다고 했지?"

"예?"

놀란 홍 대리가 고개를 들자 어머니가 딱하다는 표정으로 말했다.

"최소한 방 두 칸짜리 전셋집이라도 구해야 하지 않겠나? 그래야 이불 넣을 장롱이라도 들여놓지."

"어머님 그 말씀은 설마……?"

"자네 우리 도해 고생시키면 나한테 혼날 줄 알게. 내 끝까지 지켜볼 거야."

멍한 표정을 짓고 있던 홍 대리가 박차고 일어나 어머니를 와락 끌어안았다.

"고맙습니다, 어머님! 절대 실망시켜 드리지 않겠습니다!"

"이, 이거 놓고 얘기하게."

그날 저녁 가평의 호수변에서 홍 대리는 기어이 한 가지 목표를 달성했다. 결혼이라는 인생의 커다란 산 하나를 넘은 것이다.

상대의 눈과 머리로
보고 생각하라

가평을 다녀온 다음 주 금요일 오후, 홍 대리는 일찍 퇴근하여 이사를 했다. 마침 전세 기간도 끝이 났고, 결혼을 하려면 적어도 방 두 칸짜리 집은 구해야 하지 않겠느냐는 예비 장모의 말을 듣고 서둘러 결정한 일이었다.

며칠 동안 발품을 판 끝에 다행히 마음에 쏙 드는 전셋집을 구할 수 있었다. 방 두 칸짜리 다세대주택이었지만 신축 건물인데다 맨 꼭대기 층이어서 거실 창을 열면 제법 울창한 야산이 정면으로 보여서 좋았다.

해질 무렵 정리까지 깔끔히 마친 홍 대리는 거실 창을 활짝 열어놓고 캔맥주를 마셨다. 뜨겁게 달궈진 건물 외벽에선 열기가 아지랑이처럼 피어오르고 있었다. 하지만 멀지 않은 야산으

로부터 흙냄새가 간간이 풍겨와 기분을 상쾌하게 했다. 땅 냄새가 유난하다고 느끼며 그는 장마전선이 북상하고 있다는 일기예보를 떠올렸다. 아마도 오늘 밤이나 내일 아침부터는 비가 쏟아질 것이다.

'아무려면 어때? 내겐 도해와 함께 비를 피할 안전한 집이 있는데.'

나른한 편안함을 느끼며 홍 대리는 오늘 도해와 함께 있었으면 참 좋았을 것이라고 생각했다. 저녁 하늘을 뒤덮으며 성난 병사들처럼 몰려오는 장마 구름을 구경하고, 시원하게 쏟아지는 빗소리를 배경으로 스티비 원더의 연가를 들으면 좋았으련만. 하지만 도해는 친구 결혼식에 참석해야 해서 밤차로 경주에 가야 한다고 했다. 짙은 아쉬움을 누르며 홍 대리가 소형 오디오에 스티비 원더의 CD를 넣었다. 음악을 들으며 몇 개의 캔인가를 더 비운 홍 대리는 거실에 쓰러져 그대로 잠이 들었다.

잠결에 천둥 소리가 들려왔다. 굵은 빗방울이 지붕을 두드리는 소리도 들렸다. 하지만 홍 대리는 신경 쓰지 않고 깊은 잠 속으로 빠져들었다.

"으악! 이게 뭐야?"

자정 무렵, 놀란 홍 대리가 화들짝 깨어났다. 그리고 자신의 집이 더 이상 안전하지 않다는 사실을 깨달았다. 새로 도배를 한 천장 곳곳에 커다란 얼룩들이 번져 있었다. 개구리 배처럼 불룩해진 얼룩들에서 물방울이 뚝뚝 떨어졌다.

"이건 비가 새는 정도가 아니라 아예 홍수가 났잖아?"

질퍽거리는 거실을 지나 홍 대리는 다급히 현관으로 향했다.

– 쾅! 쾅! 쾅!

"아저씨! 주인아저씨!"

홍 대리는 자신의 집 바로 맞은편에 있는 주인집 현관문을 세차게 두드렸다.

"누구야, 이 오밤중에?"

계약할 때 중개인 사무실에서 딱 한 번 얼굴을 마주친 육십 대 중반의 주인아저씨가 자다 깬 얼굴로 문을 열었다. 거친 인상에 러닝셔츠만 걸친 아저씨는 연세에 비해 몸이 차돌처럼 단단해 보였다.

홍 대리가 숨이 넘어갈 듯한 표정으로 활짝 열린 자기 집 현관을 가리켰다.

"저희 집에 물이 새고 있습니다."

"물? 무슨 물?"

"지금 장맛비가 쏟아지고 있잖습니까? 아무래도 옥상 방수 처리가 엉망인 모양입니다."

순간 주인아저씨가 꿈틀했다.

"뭐라고?"

"그러니까 제 말은……. 아무래도 방수 공사에 문제가 있는 것 같다는……"

"자네가 봤어?"

"예?"

"자네가 우리 집 옥상 방수 공사에 문제가 있는지 없는지 봤
느냔 말이야?"

주인이 오히려 핏대를 세우자 홍 대리는 당황할 수밖에 없었
다. 이건 완전히 적반하장이었다.

슬리퍼를 질질 끌며 주인이 홍 대리의 집 현관 안으로 들어
갔다.

"어디 직접 가서 보자고."

직접 보든 보지 않든 상황은 마찬가지였다. 빗줄기는 더욱
굵어져 있었고, 그만큼 천장에서 떨어지는 빗방울의 양도 많아
졌다.

"쯧쯧."

질퍽한 거실에 서서 혀를 차는 주인을 향해 홍 대리가 거보
란 듯이 말했다.

"제 말이 맞죠? 이건 틀림없이 방수가 잘못된 겁니다."

"그게 아니라 비가 새면 일단 비닐을 씌워 가구들을 보호해
야 할 것 아닌가? 젊은 사람이 왜 그리 생각이 없어?"

"아차!"

당황한 홍 대리가 집안 곳곳을 뛰어다녔지만 마트에서 장을

볼 때 가져온 비닐봉투가 있을 뿐, 가구를 덮을 만한 것은 찾을 수가 없었다. 이 늦은 시간에 철물점이 문을 열었을 리도 없고 큰일이었다. 홍 대리가 발만 동동 구르는 사이 주인이 말없이 나가더니 거실을 다 덮을 정도로 넓은 비닐을 들고 돌아왔다.

홍 대리와 주인은 그걸로 대충 가구들이 더 젖는 것을 막을 수 있었다. 하지만 임시방편으로 해결될 문제가 아니었다. 오늘 도해를 불렀으면 큰일이었겠다고 가슴을 쓸어내리며 홍 대리가 주인을 향해 단호한 어조로 말했다.

"비가 그치면 서둘러 지붕부터 수리를 해주세요."

착잡한 표정을 짓고 있던 주인이 갑자기 소리를 꽥 질렀다.

"왜 내가 그걸 해줘야 하는데?"

"그럼 비가 새는 걸 방치하겠다는 겁니까?"

"이 친구 뭘 모르는군. 월세의 경우는 주인이 수리를 해주지만 전세는 세입자가 알아서 하는 거예요."

"그거야 세입자가 사는 도중 문제가 생겼을 경우죠. 이사를 오자마자 이런 일이 터졌으니 당연히 주인이 수리를 해주셔야죠."

따지는 듯한 말투에 화가 치밀었는지 주인이 언성을 높였다.

"그래, 우리 집에 약간의 하자가 있다고 쳐. 덕분에 자네도 시세보다 싼값에 전세를 얻지 않았나? 그러니까 이 정도는 직접 수리하도록 하게."

이쯤 되자 홍 대리도 흥분할 수밖에 없었다.

"그것과 이것은 별개의 문제죠. 이건 명백한 아저씨의 책임입니다."

"젊은 친구가 영 경우가 없구먼."

"경우가 없는 쪽은 아저씨 같은데요."

"뭐? 경우라고? 어디서 어른한테 경우가 있느니 없느니! 난 죽어도 수리 못 해! 아니, 안 해! 그러니까 집을 빼든 말든 맘대로 해!"

격분한 주인이 현관문을 거칠게 닫고 나가는 모습을 홍 대리는 기가 막힌 듯이 바라보았다. 이런 막무가내인 상황은 난생처음인지라 화도 나고 당황스럽기도 했다.

결국 그날 홍 대리는 뜬눈으로 밤을 새웠다. 바닥이 온통 젖어 잠들려야 잠이 들 수도 없었다. 거실 바닥 여기저기 늘어놓은 대야와 그릇 등에 물방울이 뚝뚝 떨어지는 것을 지켜보며 치미는 분을 삭일 길이 없었다. 홍 대리는 지금 자신의 처지가 꼭 이 집과 같다고 생각했다. MR로서 자신의 미래를 결정지을지도 모를 김 과장과의 협상은 아직도 교착상태였다. 이런 때에 집 문제까지 터졌으니 엎친 데 덮친 격이라고나 할까. 모든 게 짜증스럽고 갑갑한 밤이었다.

날이 밝자마자 홍 대리는 인터넷을 샅샅이 뒤져 전셋집 수리 분쟁에 관한 자료를 모으기 시작했다. 신문 기사, 인터넷 상담, 심지어 법원 판례까지 찾아 일목요연하게 정리해나갔다.

"이쯤이면 됐겠지?"

프린트한 자료를 움켜쥔 홍 대리가 서둘러 일어섰다. 그리고 다시 주인집 현관문을 두드렸다. 주인의 떨떠름한 얼굴을 마주하자 억울함이 되살아난 홍 대리가 그의 눈앞으로 자료부터 내밀었다.

"여기 신문 기사와 법원 판례를 보십시오. 세입자가 새로 입주한 경우 집주인이 하자 보수를 책임진다는 내용이 실려 있지 않습니까?"

홍 대리가 건넨 자료를 주인이 건성으로 훑어보았다. 그러고는 냉큼 돌려주며 시비조로 말했다.

"그래서 뭘 어쩌라고?"

"당연히 수리해주셔야죠."

"직접 하라고 말했을 텐데?"

주인의 뻔뻔한 태도에 홍 대리가 더 이상 참지 못하고 버럭 고함을 질렀다.

"아니, 이 자료들을 보고도 그런 말씀이 나오십니까? 끝까지 이러시면 저도 법적으로 대응하는 수밖에 없습니다!"

순간 주인의 표정이 험악하게 일그러졌다. 분노로 부들부들 떨며 홍 대리를 매섭게 쏘아보았다.

"그러니까 지금 날 고소하겠다는 거야?"

"꼭 그러겠다는 게 아니라……."

"말하는 것 좀 보게? 젊은 친구가 정말 싸가지가 없구먼!"

– 쾅!

주인은 부숴질 듯 현관문을 닫고 들어가버렸다. 결국 멍한 표정의 홍 대리만 홀로 남았다. 도대체 자신이 왜 이런 꼴을 당해야 하는지 알 수가 없었다. 정신이 아득해질 정도로 화가 치민 홍 대리가 미친 듯이 문을 두드리기 시작했다.

"문 여세요! 당장 문 열라고요! 사람 말이 말 같지 않습니까?"

하지만 주인은 나올 생각을 하지 않았다. 그럴수록 화가 치민 홍 대리가 주먹이 얼얼해질 정도로 현관문을 두드려대자 이번에는 아래층에 살고 있는 세입자들이 하나둘 문을 열고 불평을 쏟아내기 시작했다.

"이 건물에 그집 혼자 사는 거 아니거든요?"

"어렵게 재운 아이가 깨버렸잖아요."

"조용히 말로 합시다, 말로!"

그제야 정신을 차린 홍 대리가 사과를 했다.

"죄송합니다. 죄송합니다."

아닌 게 아니라 자신이 지나치게 흥분하고 있다는 생각이 들었다. 어쨌든 자신은 협상 전문가를 꿈꾸는 사람이 아닌가. 모든 일상생활이 협상이라는 말을 가만히 곱씹었다.

'협상으로 해결할 생각은 않고, 감정싸움만 하고 있으니.'

부끄러움을 느끼며 스스로의 행동을 반성한 홍 대리는 지나치게 흥분한 마음을 가라앉히려고 노력했다. 그리고 막무가내인 주인과 어떻게 하면 협상할 수 있을지 고민하기 시작했다.

그러나 아무리 생각해도 뾰족한 방법이 떠오르지 않았다. 협상을 하려면 일단 대화가 통해야 하는데 그것 자체가 불가능한 상황이었다.

집으로 돌아와 보니 아직도 천장에서 물방울이 떨어지고 있었다. 서둘러 비닐을 씌운 가구들은 무사했지만 천장과 벽 그리고 바닥은 온통 물난리였다.

일요일 아침, 다행히 비가 그쳐 있었다. 생각 같아서는 한 번 더 집주인을 찾아가 따지고 싶었지만 잠시 흥분을 가라앉히기로 했다. 우선 집주인의 유형부터 분류해 봐야겠다고 생각했다. 상대의 성향을 알아야 그에 맞춰 원하는 것을 주고, 내가 원하는 것을 얻을 수 있을 것이다. 이사 떡을 돌리며 먼저 같은 다세대에 살고 있는 이웃들로부터 주인에 대한 정보를 수집했다.

"이상하네. 저희 집의 경우는 뭐가 고장 났다고 하면 장비를 가져와서 뚝딱 수리해주곤 하셨거든요."

"매일 새벽마다 계단 물청소를 도맡아 하시잖아요. 덕분에 늘 깨끗하게 살 수 있어서 좋죠, 뭐."

"아이들한테 가끔 큰소리를 치시는데, 요 앞길에서 가끔 교통사고가 나기 때문에 주의를 주려고 그러는 거예요."

"겉으론 무뚝뚝하지만 제법 속정이 깊으신 분이에요."

뜻밖에도 이웃들의 평판은 호의적이었다. 그러고 보니 가구가 젖는다고 득달같이 달려가 비닐을 구해온 것도 주인아저씨였다. 홍 대리는 주인아저씨가 정이 많은 청진기형인 동시에 꼼꼼한 돋보기형이라는 결론에 도달했다.

홍 대리는 어쩌면 경황이 없는 와중에 너무 강압적으로 수리를 요구하는 바람에 주인아저씨의 화를 돋운 것인지도 모른다고 생각했다. 주인아저씨가 이웃들 말대로 좋은 사람이라면 먼저 자신의 무례함에 대해 진심으로 사과하고, 왜 주인이 수리를 해줘야 하는지 자세한 근거를 제시하면 의외로 쉽게 일이 풀릴지도 모른다.

여기까지 생각이 미친 그는 어제 주인이 건성으로 훑어보고만 자료를 보기 쉽게 편집해서 다시 프린트했다. 그리고 근처

제과점에 들러 롤케이크를 하나 샀다.

주인아저씨의 집으로 찾아간 홍 대리는 선물을 내밀며 먼저 자신의 버릇없는 행동에 대해 진심으로 사과를 했다.

"흠흠, 지금이라도 잘못을 알았다니 다행이군. 앞으론 조심하게."

주인아저씨의 표정이 풀린 것 같자 홍 대리가 조심스럽게 출력한 자료를 내밀었다.

"예, 앞으로는 더욱 조심하겠습니다. 그리고 이걸 다시 좀 봐주시겠습니까?"

"이게 뭔가?"

자료를 건성으로 넘겨 보는 아저씨를 향해 홍 대리가 최대한 부드럽게 웃으며 말했다.

"집수리 분쟁에 관한 법원 판례와 비슷한 사례들입니다. 이 자료를 보시면 누가 수리를 해야 하는지 아실 수 있을 겁니다."

순간 집주인의 표정이 돌멩이처럼 굳어졌다. 홍 대리의 면전을 향해 자료들을 집어던지며 벼락처럼 소리를 질렀다.

"젊은 친구가 정말 싸가지가 없군. 아직도 그 소리야! 수리는 절대 해줄 수 없으니, 내 집에서 당장 나가!"

"……."

홍 대리는 아무 말도 못하고 시뻘겋게 달아오른 집주인의 얼굴을 기가 막힌 눈으로 바라볼 뿐이었다.

월요일 아침, 백 이사가 홍 대리를 호출했다. 김 과장과의 협상이 어떻게 진행되고 있는지 궁금해서였다.

"김 과장님과 개인적인 관계는 정말 좋아졌습니다. 하지만 우리 신약을 리스트에 올리도록 추천하겠다는 확답은 아직 받지 못했습니다."

백 이사의 표정이 굳어졌다.

"위원회가 며칠 남지 않았는데 큰일이군."

"인간적 신뢰 관계를 바탕으로 계속 협상을 진행시키고 있으니 곧 좋은 소식이 있을 겁니다."

"무엇보다 중요한 건 백 이사의 진의를 파악하는 걸세. 관계가 개선됐는데도 이쪽의 요구를 무시한다면 필시 이유가 있을 거야. 그걸 찾아내도록 하게."

"알겠습니다, 이사님."

"바쁠 텐데 이만 나가 보게."

"이사님, 그런데 저어……."

대화를 마치려는 백 이사를 향해 홍 대리가 망설이듯 입을 열었다. 백 이사가 다시 자리에 앉으며 홍 대리의 안색을 살폈다.

"무슨 일인데 그러나? 할 말이 있으면 해 보게."

"사적인 얘기입니다만⋯⋯."

"괜찮으니까 얘기해 봐."

홍 대리는 지난 주 이사를 한 일과 집주인과의 갈등에 대해 털어놓기 시작했다. 한동안 가만히 듣고 있던 백 이사가 난감한 표정을 지었다.

"으음, 정말 곤란하게 됐군."

"집주인이 워낙 막무가내다 보니 대화 자체가 되질 않습니다. 이사한 지 며칠 만에 집을 뺄 수도 없고, 큰일이지 뭡니까?"

"집주인 되는 양반이 왜 그리 말도 안 되는 고집을 부릴까?"

"원래 상식이 통하지 않는 사람인 것 같습니다."

"으음⋯⋯."

툴툴거리는 홍 대리를 보며 골똘히 생각하던 백 이사가 천천히 입을 열었다.

"꼭 그렇게 생각할 일만은 아닐세."

"예?"

"홍 대리, 도해 씨 어머님께 어떻게 허락을 받아냈다고 했지?"

백 이사의 질문에 홍 대리가 양손을 휘휘 내저으며 과장되게 말했다.

"어휴, 말도 마십시오. 매일 장미꽃 한 송이씩을 들고 찾아가 갖은 애교를 부렸는데도 허락을 안 해주시지 뭡니까? 그래서 독감에 걸린 몸을 이끌고 어머님과 함께 가평의 한식당까지 가서 무릎을 꿇었습니다. 허락해주시지 않으면 가평 호수에 몸을 던질 각오로 빌고 또 빌었더니, 마침내 반승낙을 해주시더군요."

백 이사가 눈을 반짝이며 고개를 끄덕였다.

"맞아, 자네는 도해 어머님의 청진기형 성향을 파악하고 그에 맞춰 최선을 다했어. 하지만 그것만으론 허락을 받을 수 없었지. 그래서 일부러 아픈 몸을 이끌고 어머님을 야외의 한식당으로 모셨어. 그리고 도해 씨에 대한 진심을 솔직하게 밝히고 눈물로 호소함으로써 마침내 어머님의 마음을 움직였지."

"예, 정말 쉽지 않은 과정이었습니다."

"그런데 김 과장이나 집주인의 경우는 왜 도해 씨 어머님처럼 성공을 거둘 수 없었을까? 대체 어떤 차이가 있었기에 결과가 다른 건지 생각해 보았나?"

"글쎄요······."

"도해 어머님은 처음에는 자네가 과연 딸을 행복하게 해줄 수 있을지 믿음이 서질 않았어. 자넨 본능적으로 이러한 어머님의 마음을 헤아리고, 믿음을 드리기 위해 아픈 몸을 던지는 등 그야말로 혼신의 노력을 다했어. 그 정성에 감복하여 어머님은 결국 자네를 믿게 된 것이지. 이에 반해 김 과장이나 집주인에겐 아직 그만한 노력을 기울이지 못했다고 할 수 있지 않을까? 무슨 말인지 알겠는가?"

"……."

솔직히 말뜻을 이해하지 못한 홍 대리는 입을 굳게 다물었다. 백 이사의 설명이 이어졌다.

"흔히들 입장을 바꿔놓고 생각해 보라고 말하네. 김 과장과 집주인의 경우처럼 상대의 유형을 파악하고 그에 맞춰 상대가 원하는 것을 먼저 주는 등의 노력을 했음에도 나의 제안을 받아들이지 않을 때는 필시 숨겨진 이유가 있기 마련일세. 그 이유를 찾으려면 먼저 입장을 바꿔서 상대의 눈으로 보고, 상대의 머리로 생각해야만 하네. 그러면 도해 씨 어머님처럼 거절하는 이유가 보이기 시작할 거야. 그렇게 이유를 찾았다면 자네가 아픈 몸을 이끌고 도해 씨 어머님과 가평으로 달려갔듯이 수단과 방법을 가리지 말고 상대의 마음을 충족시키려는 노력을 기울여야 하네. 그러면 상대는 반드시 자네의 제안을 받아들이게 될 걸세."

"상대의 눈으로 보고, 상대의 머리로 생각하라……?"

홍 대리가 심각한 눈빛으로 되뇌었다. 인간적 신뢰 관계가 회복되었는데도 김 과장이 신약을 선택하지 않는 것도, 정중한 태도로 공들여 수집한 자료까지 제시하며 요구했건만 집주인이 수리를 거부하는 것도 자신이 모르는 이유가 있을 것이라는 뜻이었다.

생각에 잠긴 홍 대리를 똑바로 보며 백 이사가 또 한 번 힘주어 말했다.

"원래 산을 오를 때도 맨 마지막 경사가 가장 힘겨운 법일세. 모든 조건을 충족시켰음에도 상대방이 나의 제안을 받아들이지 않을 때, 그 숨겨진 이유를 찾아내어 해결하는 것이야말로 기나긴 협상의 과정에서 가장 힘든 부분이라고 할 수 있네. 이를 잘 극복해야만 진정한 협상가라 할 수 있겠지."

홍 대리가 백 이사를 향해 진지한 표정으로 말했다.

"고맙습니다, 이사님. 집주인 입장이 되어서 다시 조목조목 살펴보겠습니다."

"행운을 빌겠네."

집으로 돌아온 홍 대리는 일단 집주인이 보수 공사를 거부하는 진정한 이유를 찾아내기로 했다. 자신의 건물을 끔찍이 사랑하고, 나름대로 세입자들을 배려하는 주인이 그처럼 야박하게 굴 때는 아닌 게 아니라 숨겨진 이유가 있을 것이다. 그리고 홍 대리는 우연히 전세 계약을 맺어준 부동산중개업소에 들렀다가 그 이유를 찾아내게 되었다. 머리가 희끗한 중개인이 고개를 끄덕이며 이렇게 말했던 것이다.

"흐음, 아마 돈이 없어서일 게야."

"예?"

"그 집 큰아들이 사업을 한답시고 집주인의 돈을 싹 빼간 것도 모자라 건물을 담보로 융자까지 끌어 썼거든. 그러니 늘 쪼들릴 수밖에."

"하지만 다른 집들은 하수구가 막히거나 보일러가 고장 나면 금방 달려와 고쳐주었다던데요."

"하수구나 보일러는 자기 손으로 고칠 수 있으니까 그렇지. 하지만 지붕 방수 공사는 자재비도 만만찮고, 인건비도 꽤 들어갈걸. 부담스러워서 고쳐주겠다는 말을 선선히 못하는 게지."

중개업소를 나서며 홍 대리는 상대의 눈으로 보고, 상대의 머리로 생각하라는 백 이사의 말을 다시금 떠올렸다. 주인아저씨가 왜 그리도 집수리를 거부했는지 비로소 숨겨진 이유를 알 것 같았다. 어떻게 하면 주인아저씨의 부담을 덜어드릴 수 있을지 고민하며 홍 대리는 집으로 향했다.

컴퓨터를 켠 홍 대리는 인터넷을 뒤져 방수 공사 전문 업체들을 찾기 시작했다. 몇 개의 업체가 눈에 띄었지만 수리비는 제각각이었다. 각 업체들의 인건비와 자재비 내역까지 상세히 뽑아 수첩에 적어 내려갔다.

회사에 출근해서도 홍 대리는 점심시간을 이용해 수첩에 적힌 방수공사 업체들을 찾아다녔다. 그리고 직접 청계천의 자재상까지 돌며 최소 경비를 뽑기 시작했다. 날씨는 더운데 짧은 시간에 많은 것을 알아보려니 지칠 대로 지쳤지만 이것도 협상의 일부라는 생각으로 최선을 다했다. 그렇게 사흘 만에 공사에 필요한 최소 경비를 뽑을 수 있었다. 역시 가장 비용이 드는 것은 인건비였다. 인건비를 줄일 수 없을까 고민하던 그는 결국 힘든 결정을 내렸다. 기술자 못지않은 주인아저씨를 도와 자신이 직접 공사를 하기로 마음먹은 것이다.

"아저씨, 제가 공사비를 자세히 뽑아 봤습니다."

홍 대리가 주인을 찾아가 지난 며칠간의 노력이 담긴 공사비 내역서를 내밀자 그는 인상부터 찌푸렸다. 아저씨가 화를 내기 전에 홍 대리가 재빨리 말했다.

"지난 며칠간 무더위에 발품을 팔아가며 뽑아낸 최소 경비입니다. 일단 한번 봐주십시오."

홍 대리의 얼굴을 지그시 쏘아보던 아저씨가 떨떠름한 표정으로 내역서를 들여다보기 시작했다. 내역서를 꼼꼼히 읽는 아저씨의 표정이 조금씩 변하는 것을 보고 홍 대리는 내심 안도의 한숨을 내쉬었다.

주인이 마침내 내역서를 내려놓고는 홍 대리를 향해 피식 웃었다.

"발품을 팔긴 팔았군그래. 내가 뽑아도 이보다 싸게 뽑을 순 없겠어."

"하하… 고맙습니다."

며칠간의 노력을 보상받은 것 같아 홍 대리는 절로 웃음이 나왔다. 그런데 다시 훑어보던 아저씨가 돌연 정색을 했다.

"아이고, 제일 중요한 걸 빠뜨렸군. 그러니 공사비가 이리 턱없이 싸게 잡혔지."

"그, 그럴 리가 없는데요."

"인건비를 빼먹었잖아. 공사에서 가장 돈을 많이 잡아먹는 게 바로 인건비란 말일세."

홍 대리가 빙그레 웃었다.

"인부는 따로 쓸 필요가 없습니다."

"인부를 안 쓴다고? 그럼 누가 공사를 해?"

"아저씨와 제가 하면 되지 않습니까? 아저씨께는 기술이 있고, 제겐 힘이 있으니 찰떡궁합 아닐까요?"

팔뚝을 세워 제법 단단한 알통을 드러내며 웃는 홍 대리를 주인아저씨가 황당하다는 눈으로 바라보았다.

"자네 같은 양복쟁이가 험한 일을 할 수 있겠어?"

"믿어주십시오. 이래 봬도 최전방에서 수색대원으로 복무한

튼튼한 대한민국 청년이라고요."

"그렇다면 한번 믿어 봄세."

홍 대리와 주인아저씨가 서로를 마주보며 기분 좋게 웃었다.

토요일 오전 일찍부터 홍 대리는 집주인과 함께 방수 공사를 시작했다. 장마가 끝나자마자 무서운 폭염이 쏟아지는 옥상에서 홍 대리는 생애 가장 고된 노동을 경험했다. 일요일로 접어들면서 탈수 증상을 겪을 정도로 파김치가 되었지만 이상하게 마음은 가벼웠다. 상대에 맞춰 나를 바꿔야 한다는 백 이사의 조언을 몸소 실천하고, 도저히 불가능해 보였던 주인아저씨와의 협상을 성공시켰다는 성취감 덕분이었다.

열심히 옥상 바닥을 쪼개고 시멘트와 모래를 비비면서 홍 대리는 김 과장과의 협상이 지지부진한 것도 그의 숨겨진 의도를 파악하지 못했기 때문이라는 생각을 했다.

"껄껄. 수고했네. 자네 정말 제법이구먼."

일요일 저녁, 공사가 말끔히 끝난 옥상에서 주인아저씨가 홍 대리의 등을 두드렸다. 방수 페인트 냄새 때문에 머리가 지끈지끈 아팠지만 홍 대리도 뿌듯한 눈으로 옥상을 둘러보았다. 그러면서 김 과장에 대해 새로운 결심을 굳히고 있었다.

'그래, 김 과장님이 왜 신약을 처방하지 않는지 그분의 입장에서 다시 한번 생각해 보자. 그렇게 숨겨진 이유를 찾아낸 후, 문제를 해결하는 거다.'

월요일 아침, 홍 대리는 우진대학병원에 있었다. 오늘도 어김없이 출근길의 김 과장에게 차를 건네준 그는 병원 정원을 거닐며 생각을 가다듬는 중이었다. 자신과의 관계가 예전과는 비교할 수 없을 정도로 좋아졌는데도 왜 신약을 선택해주지 않을까. 최대한 그의 눈으로 보고 그의 머리로 생각하려고 애쓰던 홍 대리는 문득 걸음을 멈췄다. 순간적인 깨달음이 뇌리를 스치고 지나간 것이다.

　"맞아, 그러고 보니 문 선생님도 처음엔 부작용 때문에 신약을 꺼려했었지. 현미경형 성향이 강한 김 과장님의 경우도 이런 현실적인 문제점 때문에 신약 추천을 망설이는지 몰라."

　돌이켜보니 의사들 대부분은 신약 처방을 꺼렸다. 문 선생이 언급했듯이 개발사에서 아무리 부정해도 신약은 일정 기간이 흐르기 전까진 부작용에 대한 위험성이 존재하기 때문이다. 아무리 홍 대리와 가까워졌다고는 하나 김 과장으로선 특별한 이익도 없이 리스크를 감수할 이유는 없을 것이다.

　그럼 대체 어떻게 해야 신약의 부작용에 대한 김 과장의 염려를 불식시킬 수 있을까. 당연히 신약이 안전하다는 확신을 심어주면 될 것이다. 거기까지 생각한 홍 대리는 문 선생을 만나기 위해 서둘러 걸음을 옮겼다.

"선생님, 심장내과의 모든 의사 선생님들이 인정할 만한 권위자가 있을까요?"

홍 대리의 갑작스러운 질문을 받은 문 선생이 그건 또 무슨 소리냐는 얼굴로 쳐다봤다.

"갑자기 무슨 말입니까?"

이미 가까운 사이가 된 문 선생이기에 홍 대리는 솔직히 고민을 털어놓았다.

"그러니까 심장학회 최고 권위자로부터 신약이 안전하다는 판단을 받아 김 과장님의 마음을 돌리겠다는 얘기입니까?"

"바로 그겁니다."

문 선생이 고개를 갸웃했다.

"음, 가장 확실한 방법이긴 하군요. 하지만 그 권위자가 홍 대리님을 위해 그런 수고를 해줄지가 의문입니다."

"그래서 선생님을 찾아뵌 겁니다. 기왕이면 선생님께 추천을 받았으면 해서요."

"예에? 저보고 추천까지 해달라고요?"

문 선생이 황당하다는 표정을 지었다. 하지만 홍 대리가 매달릴 수 있는 사람은 문 선생뿐이었다.

"부탁드립니다, 선생님. 이제 위원회가 열흘도 남지 않았잖아요. 김 과장님의 마음을 움직이려면 이 방법밖엔 없습니다."

"으음……."

곤란한 듯 홍 대리의 얼굴을 들여다보던 문 선생이 피식 웃어버렸다.

"정말 홍 대리님한테는 당할 수가 없군요. 저희 우진대학 의과대학의 명예학장이신 조태석 교수님을 한번 찾아가 보세요."

"조태석 교수님이오? 이 분야에서 유명한 분인가요?"

"고령 때문에 현직에선 은퇴하셨지만 관상동맥 조영술만 일만 회 이상, 확장술도 오천 회가 넘게 시술한 분입니다. 심장학회에서 올해의 의사로 선정되고 외국의 권위 있는 의학 저널에 수차례나 논문이 게재되기도 했습니다."

"우와, 정말 대단하신 분이군요."

경외스럽다는 표정으로 고개를 끄덕이는 홍 대리를 향해 문 선생이 의미심장하게 말했다.

"특히 조 학장님은 김 과장님의 직계 스승이기도 하십니다."

홍 대리가 저도 모르게 꿀꺽, 마른침을 삼켰다.

"조 학장님을 만나뵈려면 어디로 가야 합니까?"

"지금은 경기도의 대학 부설연구소에서 연구 활동에 몰두하고 계십니다."

문 선생의 방을 나온 홍 대리는 곧장 회사를 향해 차를 몰았다. 점심시간 전에 사무실에 도착한 그는 서둘러 신약 관련 자료를 산더미처럼 챙겼다. 그리고 조 학장이 연구에 몰두하고 있다는 연구소로 향했다.

연구실은 전망 좋은 연구소 맨 꼭대기 층에 있었다.

- 똑똑!

"들어와요."

서류 뭉치를 한 아름 안은 홍 대리가 방문을 노크하자 안쪽에서 카랑카랑한 목소리가 들려왔다. 방문을 열고 들어간 홍 대리는 넓은 창을 등지고 책상 앞에 앉아 논문을 뚫어져라 들여다보는 조 학장을 볼 수 있었다. 백발을 단정하게 빗어 넘긴 초로의 선생은 깡마른 몸매에 꼬장꼬장한 인상이었는데 한눈에도 범접할 수 없는 위엄이 느껴졌다. 특히 금테의 돋보기안경 속에서 차갑게 빛나는 눈은 홍 대리를 속속들이 꿰뚫어보는 것 같았다.

짧은 시간 동안 홍 대리를 응시하던 학장은 낯선 사람이 들어와 서 있거나 말거나 다시 논문에 몰두했다.

"흠흠."

헛기침을 하자 그제야 홍 대리 쪽을 힐끗 보았다.

"누군고?"

"홍풍호라고 합니다. 서광약품 MR로 우진대학병원을 담당하고 있습니다."

"저런, 잘못 찾아왔구먼. 영업을 하려면 연구소가 아니라 병원으로 갔어야지."

"아닙니다. 오늘은 학장님을 뵈러 왔습니다. 혹 심장내과 문익주 선생님으로부터 연락 못 받으셨는지요?"

미간을 좁히고 기억을 더듬던 학장이 그제야 알은체를 했다.

"아, 문 군이 말했던 그 당돌한 MR이구먼."

넉살 좋게 웃으며 학장의 책상 앞으로 다가간 홍 대리는 허리를 깊숙이 숙여 인사부터 드렸다.

"정식으로 인사드리겠습니다. 서광약품의 홍풍호 대리라고 합니다."

인사는 받는 둥 마는 둥 하며 조 학장이 심드렁하게 말했다.

"자네가 내게 신약의 부작용 여부를 판단해달라고 했다지?"

"예, 그렇습니다. 이게 바로 저희 신약개발부의 임상실험 자료입니다."

책상 위에 수백 쪽에 달하는 자료를 내려놓으며 홍 대리가 살갑게 웃었다. 그러나 학장은 어떤 관심도 보이지 않았다. 자료를 다시 홍 대리 쪽으로 밀어내며 쌀쌀맞게 말했다.

"안됐지만 때가 좋지 않네. 나도 마침 연구논문을 준비 중이라 자넬 위해 할애할 시간이 없군."

"바쁘신 건 알지만 사정이 워낙 절박해서요. 이 임상실험 자료들을 검토해서 신약에 부작용이 없다는 결론을 내리지 못하면 저는 큰일 납니다."

급박하게 말하는 홍 대리의 얼굴을 학장이 안경을 코끝으로 내리고 올려다보았다.

"그건 자네 사정이지. 아무리 문 군의 소개라지만 내가 왜 생면부지인 자네를 위해 그런 수고를 감수해야 하나?"

"그건……."

홍 대리로선 할 말이 없었다.

자기 할 말은 다 했다는 듯 학장이 다시 고개를 숙여 논문을 보기 시작했다. 이대로 포기할 수는 없는지라 홍 대리는 엉거주춤 학장의 책상 앞에 서 있었다. 그런 그가 거슬렸는지 학장이 안경을 벗고 홍 대리를 엄한 눈길로 바라보았다.

"자네, 안 갈 건가?"

"이대로는 못 갑니다."

"허어, 자네 정말 막무가내로군."

"제발 도와주십시오, 학장님. 한 젊은이의 인생이 걸린 문제입니다."

"자네 끌려나가야 정신을 차리겠는가?"

"학장님."

홍 대리가 고집을 꺾지 않자 조 학장이 책상 위에 놓인 인터폰을 눌렀다. 잠시 후, 방문이 벌컥 열리며 조수로 보이는 젊은 청년이 들어왔다.

"부르셨습니까, 학장님?"

조 학장이 청년을 향해 단호히 명령했다.

"김 군, 이 친구 끌어내게."

"예?"

"못 들었어? 이 친구를 내 방에서 끌어내란 말이야!"

홍 대리 옆으로 황급히 다가온 청년이 나직이 말했다.

"나가시죠."

"……."

하지만 홍 대리는 꿋꿋이 버텼다. 급기야 청년이 홍 대리의 팔을 잡고 억지로 끌어냈다.

"여기서 이러시면 안 됩니다. 경찰을 부르기 전에 빨리 나가세요."

"학장님, 한 번만 도와주십시오! 은혜는 잊지 않겠습니다!"

완강히 버텼지만 홍 대리는 결국 연구실 밖으로 쫓겨나고 말았다. 등 뒤에서 쾅 소리를 내며 문이 닫혔다. 뒤돌아서서 그 문을 멍하니 보고 있는데, 청년이 홍 대리의 자료를 들고 나왔다. 자료를 건네며 청년이 설득조로 말했다.

"고집 부려 봤자 소용없으니 돌아가세요. 저희 학장님은 한 번 안 된다면 죽어도 안 되는 분이십니다."

"그렇습니까? 그런데 어떡하죠? 저는 더 이상 물러설 곳이 없는 사람이거든요."

"예에?"

어이없다는 표정으로 홍 대리를 보던 청년이 고개를 절레절레 흔들며 돌아섰다.

청년이 사라진 후 홍 대리는 자료를 끌어안은 채 복도에 길게 놓인 의자에 앉았다. 조 학장 방문이 정면으로 보이는 자리였다. 연구실 문을 뚫어져라 보며 홍 대리는 어금니를 깨물었다. 지금껏 협상을 진행하면서 그가 깨우친 것이 있다면 쉽게 포기하면 아무것도 얻을 수 없다는 것이었다. 버티기만큼은 누구에게도 지지 않을 자신이 있는 홍 대리였다.

"자네 아직도 안 갔나?"

퇴근하기 위해 나오던 조 학장이 홍 대리를 발견하고는 깜짝 놀라며 한마디 했다. 천천히 의자에서 일어선 홍 대리가 조 학장을 향해 고개를 숙였다.

"지금 퇴근하십니까, 학장님?"

"자네 정말 왜 이러나? 젊은 사람이 왜 그렇게 말귀가 어두워!"

"제가 멘토로 여기는 분께서 이런 말씀을 해주셨습니다. 고민은 선택의 여지가 있을 때 하는 거라고요. 지금 제게는 선택의 여지가 없습니다. 그러니 학장님께서 허락해주실 때까지 언제까지고 기다릴 수밖에요."

"허어⋯⋯."

기가 막힌 듯 헛웃음을 치던 조 학장이 돌아섰다.

"난 모르겠으니 자네 마음대로 하게."

멀어지는 학장의 꼬장꼬장한 뒷등을 향해 홍 대리가 다시 머리를 숙였다.

그주 내내 홍 대리는 단 하루도 빼놓지 않고 조 학장의 연구실로 출근했다. 하루 이틀은 화를 내던 학장도 포기한 듯 아무 말이 없었다. 대신 홍 대리가 투명인간이나 되는 양 철저히 무시해버렸다. 그래도 홍 대리는 포기하지 않고 출근하자마자 연구실로 달려가 조 학장의 방문이 정면으로 보이는 그 의자에 자릴 잡았다.

"김 군! 김 군, 왜 대답이 없나?"

해가 뉘엿뉘엿 넘어갈 무렵, 연구실 안에서 조 학장의 고함 소리가 들렸다. 조수 김 군이 집안에 일이 있어 쉬기로 했는데 깜빡 잊은 모양이었다. 자기 없을 때 홍 대리가 노교수에게 해코지라도 할까 봐 그러는지 어제 오후 김 군이 몇 번이나 정탐을 다녀가던 끝에 해준 얘기였다.

"김 군, 빨리 들어와 보라니까!"

학장의 고함이 계속되자 잠시 망설이던 홍 대리가 일어섰다. 그리고 조심스럽게 방문을 밀고 들어갔다.

"어, 자네가 여긴 왜 또 들어와?"

학장의 눈매가 날카로워졌다. 인터폰에 대고 소리를 지르고 있던 학장이 신경질적으로 소리쳤다.

"김 군! 김 군! 여기 이 친구 빨리 쫓아내게."

"저, 학장님. 김 군은 오늘 휴가일 텐데요?"

"아차, 집안에 일이 있다고 했지."

그제야 기억을 떠올린 학장은 난처한 듯 백발을 쓸어 넘겼다. 논문과 컴퓨터 모니터를 번갈아 보며 초조해하는 모습이 뭔가 문제가 생긴 것 같았다. 홍 대리가 학장의 책상을 향해 조심스럽게 다가갔다.

"무슨 곤란한 일이라도 있으십니까?"

"자넨 몰라도 되네."

"그러지 말고 말씀해 보십시오. 혹 제가 도움이 될지도 모르잖습니까?"

못마땅한 눈초리로 그를 쏘아보던 학장이 마지못해 입을 열었다.

"내일까지 학회에 논문 요약집을 보내기로 했는데, 눈이 시려서 모니터를 볼 수가 있어야지. 원래 워드 작업은 김 군이 대신 했는데 이 작업을 오늘 해야 한다는 걸 깜빡 하고 휴가를 줬지 뭔가."

순간 홍 대리의 눈이 반짝였다. 조 학장 쪽으로 윗몸을 바짝 들이대며 홍 대리가 히쭉 웃었다.

"김 군 대신 제가 쳐드리면 어떨까요?"

"자네가?"

"이래 봬도 일분에 오백 타를 자랑하는 실력입니다."

조 학장이 가당찮다는 듯 손을 내저었다.

"그게 그렇게 쉬운 문제가 아닐세. 원고 분량이 이백 페이지가 넘는데다가 전문 의학 용어가 많아서 김 군처럼 숙달된 친구가 아니면 속도를 낼 수가 없어."

그러나 홍 대리는 물러서지 않았다.

"믿고 맡겨주십시오. 자신 있습니다."

우리의 모든 생활이 협상이고, 협상은 기브 앤드 테이크라고 하지 않았던가. 이번 일만 잘 해내면 깐깐한 학장과의 협상도 가능할지 모른다.

"정말 할 수 있겠나?"

"옙, 할 수 있습니다!"

씩씩하게 대답하는 홍 대리에게 학장이 피식 웃으며 펜으로 적은 논문을 내밀었다.

"이게 논문 요약집일세. 여기 앉아서 내일 오전 아홉 시까지 작업을 마쳐주게."

학장이 비켜준 의자에 엉덩이를 걸치며 홍 대리가 깍지 긴 손을 쭉 뻗어 우득, 소리를 냈다. 협상의 성패가 자신의 손가락에 달려 있었다.

"cardioloy야, cardiology야? 으아아, 미치겠다!"

두 눈이 붉게 충혈되도록 모니터를 들여다보며 자판을 두드리던 홍 대리가 양손으로 머리를 마구 헝클어트렸다. 조 학장의 말이 옳았다. 라틴어 계열의 의학 용어가 워낙 많아 도무지 속도가 붙지 않았다.

"드르릉……."

가늘게 코 고는 소리에 홍 대리가 고개를 홱 돌렸다. 소파에 누워 태평하게 코를 골고 있는 조 학장의 모습이 들어왔다. 그 순간 머리끝까지 짜증이 확 솟구쳐 잠든 학장을 실컷 쩨려보았다. 하지만 일이 확실히 끝나지 않았다는 이유로 노구임에도 불편한 소파에서 잠을 청하시는구나 생각하니 참 대단한 분이라는 생각이 들었다.

벽시계를 보니 어느새 자정을 지나고 있었다. 이대로라면 도저히 약속한 시간 안에 작업을 끝낼 수 없을 것이다. 갑자기 포기하고 싶은 유혹이 스멀스멀 피어올랐다.

'내가 지금 안 되는 일을 붙잡고 있는 것은 아닐까?'

어쩌면 생면부지의 조 학장에게 자사 신약의 부작용 여부를 판가름해달라고 부탁하는 것 자체가 비현실적인지도 모른다는 생각까지 들었다.

"아니지, 아니야!"

홍 대리가 고개를 세차게 흔들었다.

생각해 보면 지금까지 그의 삶이 전부 그랬다. 끝까지 해 보지도 않고 지레 포기한 일이 한두 가지가 아니었다. 그렇게 하나씩 포기하며 결국 할 수 있는 일보다 할 수 없는 일이 훨씬 많은 무능력자가 되어가고 있었던 것이다.

문득 도해의 얼굴이 떠올랐다. 백 이사의 얼굴도 떠올랐다. 자신을 믿고 격려해주는 사람들. 무엇보다 그들을 실망시킬 수는 없는 노릇이었다.

'진짜 협상가는 포기를 모르는 사람이다. 왜냐하면 세상에 협상이 불가능한 일은 없기 때문이다.'

다시 전의를 다진 홍 대리가 모니터를 보며 거의 마비 직전인 손가락을 억지로 놀리기 시작했다.

"젊은 친구가 정말 대단하군."

요약집을 손에 든 조 학장이 파김치가 되어 있는 홍 대리를 감탄스럽다는 듯이 쳐다보았다. 힐끗 벽시계를 보니 정확히 여덟 시 오십 분. 포기하지 않고 약속을 지켜낸 것이다. 감각마저 사라진 자신의 열 손가락을 들여다보며 홍 대리는 스스로도 참 대견하다고 생각했다.

파일을 학회에 메일로 보낸 조 학장이 홍 대리에게 다가와 그의 어깨를 친근하게 두드리며 말했다.

"나가세. 일단 요기부터 해야지."

"밥은 됐습니다. 그보다 학장님, 제가 부탁드린 일을 좀……."

"걱정 말게, 이 친구야. 나도 받은 만큼은 돌려주는 사람일 세."

그 말을 들으니 간밤의 피로가 싹 가시는 듯했다.

"으음……."

임상실험 결과를 검토한 결과 신약에 부작용은 없어 보인다는 조 학장의 소견서를 김 과장이 심각하게 들여다보고 있었다. 그의 표정이 너무 굳어 있어서 홍 대리는 은근히 불안했다.

'혹시 내가 뭘 잘못 생각한 것은 아닐까? 학장님의 소견서가 오히려 김 과장님을 불편하게 하지는 않았나? 당장 다음 주 월요일이면 위원회가 열리는데, 이젠 시간도 없고 방법도 없어!'

하지만 막연한 불안감은 김 과장이 소견서를 내려놓고 환하게 웃는 것과 동시에 씻은 듯이 사라졌다. 홍 대리의 얼굴을 똑바로 보며 김 과장이 진심 어린 표정으로 말했다.

"홍 대리, 아무래도 내가 자네에게 사과를 해야 할 것 같군."

"예? 그게 무슨 말씀이십니까?"

"나는 자네를 그저 성실한 MR정도로만 생각했네. 그런데 이제 보니 의사의 마음까지 헤아리는 진짜 전문가였군. 아마도 MR은 비전문가라는 나의 편견이 문제였던 것 같아."

"그렇게까지 칭찬해주시니 몸 둘 바를 모르겠습니다, 과장님."

"약제심사위원회 건은 걱정 말게. 자네 회사 신약이 리스트에 오르도록 최선을 다하겠네."

"과장님, 감사합니다. 정말 감사합니다."

신뢰 가득한 미소를 보내는 김 과장을 향해 연신 고마움을 표하는 홍 대리의 목소리는 가늘게 떨리고 있었다. MR이 된 이후 처음으로 진정한 협상의 묘미를 느끼는 순간이었다. 이제 어떤 어려움이 닥쳐도 위축되거나 당황하지 않고 협상을 성공시킬 수 있다는 자신감이 홍 대리의 가슴을 가득 채웠다.

1. 성향 유형을 파악하라

내가 원하는 것을 얻기 위해 상대방에게 무엇을 주어야 하는지 찾아내기 위해서는 먼저 상대방의 성향을 파악해야 한다. 협상이 어려운 것은 바로 사람들마다 성향이 제각각이기 때문이다. 그 모든 성향에 정확히 들어맞을 수는 없지만 아래의 네 가지로 대략적인 구분은 가능하며, 이 유형 분석은 실전에서 매우 유용하다.

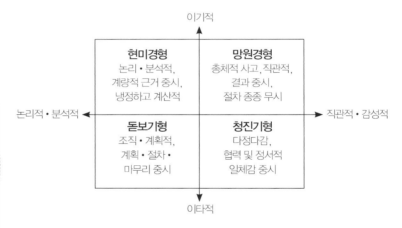

이기적

현미경형
논리 • 분석적,
계량적 근거 중시,
냉정하고 계산적

망원경형
총체적 사고, 직관적,
결과 중시,
절차 종종 무시

논리적 • 분석적 ◄──────────► 직관적 • 감성적

돋보기형
조직 • 계획적,
계획 • 절차 •
마무리 중시

청진기형
다정다감,
협력 및 정서적
일체감 중시

이타적

2. 복합적으로 드러나는 성향들을 모두 만족시켜라

네 가지 성향 가운데 한 가지만 나타나는 경우는 드물다. 대개 두세 가지 혹은 서너 가지 성향이 동시에 드러난다. 그 모든 성향을 모두 만족시켜야만 협상을 원활하게 진행할 수 있다. 가장 두드러지게 나타나는 성향에서 비롯되는 니즈뿐 아니라 나머지 성향들도 만족시켜야 한다. 그렇게 해야만 나의 제안이 받아들여질 수 있는 최적의 기회를 맞이할 수 있다.

4장

위기를 뛰어넘는
5단계 대처법

계속할 가치가 있는지 따져라

홍 대리의 협상 성공 소식이 전해지자 병원영업부 전체가 떠들썩했다. 팀원들이 앞다퉈 축하를 건넸는데 특히 불끈 쥔 주먹을 들어올리며 소리 없이 파이팅을 외치는 도해의 모습이 홍 대리를 뿌듯하게 했다. 사무실보다 백 이사에게 먼저 들러 성공 소식을 전했음은 물론이다. 백 이사도 자신의 일처럼 기뻐해주었다.

누가 뭐래도 가장 놀란 사람은 양태만 부장이었다.

"정말 심장내과 김치독 과장이 우리 신약을 밀겠다고 약속했어? 정말?"

도저히 믿을 수 없다는 표정을 짓는 양 부장을 향해 홍 대리가 가슴을 과장스럽게 내밀며 말했다.

"저로 인해 MR들은 비전문가라는 사고 자체를 뜯어고치게 됐다고 하시던걸요."

"이야, 홍 대리 다시 봐야겠어."

"예, 이젠 제발 예쁘게 좀 봐주십시오."

농담 반 진담 반으로 말하는 홍 대리를 향해 양 부장이 정색을 했다.

"내가 언제 홍 대리를 미워했다고 그래? 예나 지금이나 난 쭉 홍 대리 편이었다고."

홍 대리는 대꾸 없이 빙그레 웃기만 했다.

그날 퇴근 후 홍 대리는 오랜만에 홀가분한 기분으로 도해와 거리에서 데이트를 했다. 도해의 옆얼굴을 보며 홍 대리가 미소를 지었다.

"참 이상하지?"

"뭐가?"

"분명 매일같이 걷는 길인데 왠지 낯설게 느껴지는 것 같아서 말이야."

잠시 생각하던 도해가 싱긋 웃으며 답했다.

"변한 건 길이 아니라 아마 풍호 씨 자신일 거야."

"그건 또 무슨 소리지?"

"요즘 우리 홍 대리님은 전혀 다른 사람이 된 것 같아. 뭐랄까, 예전에는 그냥 고여 있는 연못 같았는데 지금은 시원하게 흘러가는 강물 같다고나 할까?"

"그래, 강물이란 말이지?"

기분 좋게 웃으며 홍 대리는 도해의 말처럼 협상의 기술을 알기 전의 자신과 알고 난 이후의 자신은 분명 다른 사람이라고 생각했다. 누구에게나 삶의 전기가 있는데 그로서는 우연히 백 이사라는 멘토를 만나 엄청난 변화를 이루었다. 홍 대리는 도해의 손을 힘주어 잡으며 어렵게 잡은 기회를 절대 놓치지 않겠다고 다짐했다.

다시 한 주가 시작되고 그렇게 홍 대리의 애를 태웠던 약제 심사위원회가 열렸다. 홍 대리는 기대와 걱정이 뒤섞인 마음으로 결과를 기다리고 있었다. 김 과장으로부터 급히 방문해달라는 전화가 걸려온 것은 위원회가 막을 내린 직후였다.

"드디어 우리 신약이 리스트에 올라간 건가?"

한껏 기대에 부푼 홍 대리는 우진대학병원으로 한달음에 달려갔다. 그런데 과장실 방문을 열고 들어간 홍 대리는 뜻밖에도 김 과장과 대화를 나누고 있는 나 대리를 발견했다. 순간적으로 홍 대리와 나 대리의 시선이 얽혔다. 적의 가득한 눈으로 두 사람이 서로를 쏘아보았다.

"홍 대리도 이리 와서 앉지."

김 과장이 손짓하자 홍 대리는 할 수 없이 나 대리의 옆자리에 앉았다. 나란히 앉은 홍 대리의 옆얼굴을 나 대리가 끈질기게 째려보았다.

김 과장이 헛기침을 두어 번 하더니 곤란해하는 얼굴로 입을 열었다.

"홍 대리를 급히 부른 이유는 약제심사위원회 결과를 설명하기 위해서일세."

'역시……!'

예상하고 있었다는 의미로 홍 대리가 고개를 살짝 끄덕였다.

"사실 이번 위원회에선 심혈관계 약품 리스트에 대해 결정을 내리지 못했다네. 서광약품과 미라클제약으로 압축되긴 했지만 위원들 간에 의견 일치를 볼 수가 없어서 말이지."

"그게 무슨……?"

놀란 홍 대리가 눈을 부릅떴다. 나 대리가 조소를 흘리며 그런 홍 대리를 쳐다보았다.

'아뿔싸, 나 대리를 간과하고 있었구나.'

사실 김 과장까지 홍 대리 편으로 넘어갔다는 사실을 눈치챈 나 대리는 적극적인 방어에 나섰다. 그동안 친분을 쌓아온 다른 위원들에게 자사의 약을 계속 처방해줄 것을 주야로 호소하고 다녔던 것이다.

이런 나 대리의 노력은 나름 효과를 거두었다. 약제심사위원회 석상에서 몇몇 의사가 약을 바꾸는 것에 대해 끝까지 동의해주지 않았던 것이다. 김 과장과 문 선생이 적극적으로 홍 대리의 신약을 밀었으나 노골적으로 반대하는 의사들 때문에 결국 아무런 결론도 나지 않았다.

그래서 고민 끝에 김 과장은 이렇게 홍 대리와 나 대리를 한자리에 부른 것이다. 두 사람을 심각하게 응시하며 김 과장이 말을 이었다.

"아직까지 위원회는 결정을 유보한 상태라네. 대신 위원회에서 차선책을 생각해냈지."

홍 대리가 불안한 표정으로 물었다.

"그 방법이란 어떤 겁니까?"

잠시 침묵하던 김 과장의 입이 천천히 열렸다.

"산학협력단을 통해 우리 대학 심장연구소에 일 년간 일억 원의 기부금을 기탁해주게. 이 조건을 받아들이는 회사와 협상을 진전시킨다는 게 현재 위원회 입장이라네."

"……!"

순간 큰 충격을 받은 홍 대리와 나 대리가 동시에 눈을 크게 떴다. 산학협력단이란 대학이 기업이나 정부로부터 지원을 받아 신기술을 개발하거나 우수한 인력을 키워서 제공하는 시스템을 말한다. 병원에 대한 제약회사의 사적인 지원이 금지되면

서 모든 지원은 산학협력단을 통해 이루어지게 되었다.

"일 년에 이…일억이요?"

협상이 이미 성공했다고 믿고 있던 홍 대리의 충격은 이만저만이 아니었다.

사무실로 돌아온 홍 대리는 깊은 고민에 빠졌다.

"후우우."

한숨을 푹푹 쉬는 홍 대리를 팀원들이 이상하다는 듯 쳐다봤다. 이미 우진대학병원 약제심사위원회에서 신약을 처방약 리스트에 올리는 데 성공했다는 소문이 회사 전체에 퍼진 상태였다. 난처해진 홍 대리는 다시 백 이사를 찾아갈 수밖에 없었다.

"으음, 일 년에 일억이란 말이지?"

소식을 들은 백 이사가 신음처럼 중얼거렸다. 어떤 상황에서도 여유롭던 백 이사의 표정마저 어두워지는 것을 보자 홍 대리는 더욱 암담해졌다.

"방법이 없겠습니까, 이사님?"

조심스럽게 묻는 홍 대리를 향해 백 이사가 나직이 말했다.

"자네 '뜨거운 감자'라는 말 들어 봤지?"

"뜨거운 감자요? 물론 들어는 봤습니다만……."

"어떤 경우에 그런 말을 쓰지?"

홍 대리가 고갤 갸웃하며 답했다.

"먹음직스럽기는 한데 너무 뜨거워서 먹기 힘들다는 뜻 아닌가요?"

"맞네. 이번처럼 유혹적이긴 하지만 위험이 너무 큰 제안을 뜨거운 감자에 비유하곤 한다네."

"아, 예."

고개를 끄덕이는 홍 대리의 눈앞에 백 이사가 다섯 손가락을 펼쳐 보였다.

"뜨거운 감자를 받는 위기에 처했을 때, 보통 다섯 단계의 대처법을 따른다네."

"다섯 단계 대처법이요?"

"먼저 비용을 계산하고, 감자를 식히고, 감자의 껍질을 벗기고, 감자를 받을 장갑을 준비하고, 마지막으로 웃으면서 돌아서는 거지."

"비용을 계산하고, 감자를 식히고, 감자의 껍질을 벗기고, 장갑을 준비하고, 웃으면서 돌아선다……. 생각보다 간단하네요."

"실제로는 그리 쉽지가 않다네. 내가 보기에 자네는 이제 협상에 대해 나름 개념을 정립했네. 하지만 자네가 협상을 통해 목표를 이루기 위해서는 이번처럼 갑작스럽게 위기가 닥쳤을 때 이에 대처하는 능력까지 갖추어야 하네. 대부분의 협상 과정에선 이런 위기 상황이 끊임없이 반복된다는 사실을 명심하게."

이사실에서 나온 홍 대리는 서둘러 자기 자리로 돌아와 계산기까지 동원해 비용을 면밀히 계산하기 시작했다. 비용을 계산한다는 것은 돈 문제뿐이 아니라 가치를 따져 협상을 계속 진행할지 포기할지를 결정하는 중요한 과정이었다.

책상 앞에 앉아 한동안 계산기를 두드리던 그가 고개를 세차게 흔들었다.

"이건 아니야, 아니야."

아무리 따져 봐도 일 년에 일억은 무리였다. 그렇다고 김 과장의 제안을 무작정 무시할 수만은 없었다. 그랬다간 우진대학병원에 신약을 랜딩시킬 기회는 완전히 사라져버리는 것이다.

'젠장, 이러지도 못하고 저러지도 못하고 미치겠군.'

답답해진 홍 대리가 사무실 창가로 향했다. 창가에 서서 깊은 숨을 내뱉는 그를 도해가 걱정스럽게 쳐다보았다. 도해의 시선을 느낀 홍 대리가 그녀를 향해 싱긋 미소를 지었다. 그런데 억지로 웃으려니 굉장히 어색한 표정이 되고 말았다.

쓴웃음을 지으며 홍 대리는 저 아래 거리를 내려다보았다. 마지막 무더위를 뚫고 사람들이 개미떼처럼 움직이고 있었다. 얼마 전까지만 해도 자신 역시 하루하루를 의미 없이 살아가는 일개미였다고 생각하자 아찔한 기분이 들었다. 이제 다시는 그렇게 살고 싶지 않았다. 그러려면 더욱 현명한 사람이 되어야 하리라.

홍 대리가 결심을 굳힌 듯 천천히 고개를 끄덕였다.

'그래, 아무리 비용을 계산해 봐도 일 년에 일억은 도저히 무리야. 그렇다면 우진대학병원에 일억을 지원해달라고 회사를 설득할 것이 아니라, 오히려 일 년에 일억은 무리라는 논리로 김 과장을 설득해 보자.'

결심을 굳힌 홍 대리는 양 부장에게 갔다. 그리고 협상이 난관에 봉착했음을 솔직하게 보고했다.

"일 년에 일억은 도저히 무리입니다. 제가 회사에 이익이 되도록 최선을 다해 조절해 보겠습니다."

"으음……."

오만상을 찌푸리고 생각에 잠겨 있던 양 부장이 그를 향해 눈을 치떴다.

"어쨌든 꼭 성공해야 하네. 만약 실패하면 홍 대리가 책임져야 한다는 사실을 잊지 말도록."

"알겠습니다."

천천히 고개를 끄덕이는 홍 대리의 표정이 비장했다.

같은 시간, 나 대리도 결심을 굳히고 있었다. 책상 앞에 앉아 몇 시간째 고민하던 그는 일 년에 일억을 투자해도 우진대학병원으로부터 충분히 이익을 뽑을 수 있다는 논리로 회사를 설득하기로 마음먹었다. 물론 금전적으로만 따지면 일억 원이라는 금액은 분명 엄청난 부담이었다. 하지만 홍 대리가 무서운 기세로 추격해오고 있었다. 이번에 홍 대리에게 밀리면 우진대학병원을 완전히 빼앗길 수도 있다는 위기감 때문에 나 대리는 선택의 여지가 없는 셈이었다.

전혀 다른 결론을 내린 두 MR은 진검승부를 앞두고 있었다.

뜨거운 감자는 식혀라

백 이사의 위기 대처법 중 두 번째는 뜨거운 감자는 식히라
는 것이었다. 위험부담이 큰 동시에 유혹적이기도 한 제안으로
달아오른 마음을 냉정히 가라앉히고, 협상 상대와도 잠시 냉각
기를 가지라는 의미였다. 이 대처법을 철저히 지키며 홍 대리
는 일주일이 지나도록 백 이사에게 아무런 연락도 하지 않고
기다렸다. 하지만 마음이 편할 수만은 없었다.

'혹시 나 대리가 협상을 진행시키고 있는 건 아닐까?'

입안이 바싹바싹 타들어가는 긴장감이 그를 괴롭혔다. 외근
도 안 나가고, 사무실에 죽치고 앉아 한숨만 푹푹 내쉬는 홍 대
리를 도해가 밖으로 불러냈다.

사옥 지하 커피숍에 마주 앉은 도해가 걱정스럽게 물었다.

"요즘 무슨 고민 있지?"

"고민은 무슨……."

대충 얼버무리려 했지만 여자의 직감은 당해낼 재간이 없었다. 그녀의 끈질긴 추궁에 결국 홍 대리는 김 과장의 제안에 대해 털어놓았다.

그의 말을 다 듣고 난 도해는 이해할 수 없다는 표정이었다.

"대체 왜 고민하는 건데? 회사에선 무슨 일이 있어도 우진대학병원에 신약을 랜딩시키라고 했잖아. 일 년에 일억이 들든 십억이 들든 랜딩만 시킬 수 있으면 풍호 씨는 임무를 완수하는 거 아냐?"

홍 대리가 정색하며 답했다.

"그렇지 않아, 도해야. MR의 임무는 회사의 이익을 위해 병원과 협상을 진행하는 거야. 책임을 모면하기 위해 회사에 손해를 입힐 게 뻔한 협상을 진행하는 것은 직무 유기라고 생각해. 예전의 나라면 물론 김 과장의 제안을 덥석 받았겠지. 하지만 협상에 대해 배우면서 나도 변했어. 협상은 한 가지 사안으로 끝나는 게 아니라 관계가 지속되면서 여러 건이 꼬리를 물고 이어질 수도 있어. 어떻게든 이번 일만 성공시키면 그뿐이라고 생각해서는 앞일이 꼬일 수도 있다는 거지. 실적도 중요하지만 MR로서 양심에 걸리는 일은 도저히 할 수가 없어."

"……."

도해가 눈을 동그랗게 뜨고 그의 얼굴을 들여다보았다.

너무 빤히 쳐다보자 왠지 쑥스러워진 홍 대리가 물었다.

"왜에?"

"홍풍호 씨, 정말 많이 변하셨네."

"내가 뭘?"

"뭐랄까……. 예전에 비해 남자의 매력이 물씬 풍긴다고나 할까? 남자는 자기 일에서 성취감을 느낄 때 제일 멋있다고 하잖아."

"내가 무슨 성취감을 느끼고 있다고 그래?"

계면쩍게 웃는 그를 향해 도해가 진지하게 말했다.

"MR의 양심상 회사에 손해를 끼칠 수 없다는 생각이 확고하잖아. 그것 자체가 성취감 아닐까? 풍호 씨는 분명 MR로서 큰 성공을 거둘 거야. 여자의 직감이 그렇게 외치고 있다구."

도해에게 칭찬을 들으니 기분이 좋았다. 언제나 자신을 이해하고 편들어주는 도해가 고마울 따름이었다.

이틀 후, 김 과장으로부터 연락이 오자 홍 대리는 공손히 사과부터 했다.

"과장님, 제가 먼저 연락을 드렸어야 하는데 죄송합니다."

"그러게나 말일세. 그래, 나의 제안에 대해선 생각해 봤는가?"

김 과장은 확답을 요구하고 있었다. 하지만 일단은 시간을 끌어야 했다. 마음을 차분히 가라앉히며 홍 대리가 말했다.

"식사라도 하며 천천히 얘기하시죠, 과장님. 내일 점심때 시간 어떠십니까?"

"점심에는 특별한 약속이 없는 것 같군."

"그럼 제가 모시러 가겠습니다."

"알았네, 그럼 기다리지."

"으음……."

수화기를 내려놓으며 홍 대리가 신음을 내뱉었다. 바야흐로 마지막 승부가 시작되려 하고 있었다. 저만치서 도해가 따뜻한 미소로 격려를 보내고 있었다. 홍 대리도 웃었지만 긴장감 때문에 얼굴은 딱딱하게 굳은 상태였다.

상대의 첫 제안을 허물어라

병원 근처의 중식당에서 홍 대리는 김 과장과 식사를 하고 있었다.

"요즘 심장 조형술의 경우 스텐스 시술이 대세로 자리매김 하는 것 같더군요. 개복하지 않고도 간단하게 시술할 수 있어서 그런 모양입니다. 그런데 스텐스 시술은 부작용이 전혀 없는 건가요?"

"꼭 그렇지는 않네. 협심증이 심한 환자의 경우 시술 자체가 심근경색을 일으킬 수 있고, 혈전이 떨어져 나가서 뇌경색을 일으키거나 다른 장기에 손상을 입힐 수도 있지. 심한 경우 대동맥이나 심혈관 파열로 사망할 수도 있으니 조심스럽긴 마찬가지야."

아까부터 홍 대리는 심혈관계 질환의 새로운 치료법에 대해서만 대화를 이끌고 있었다. 건성으로 응대하던 김 과장이 더는 참지 못하겠다는 듯 단도직입적으로 물었다.

"그래, 지난번 제안에 대해선 생각을 좀 해 보았나? 되도록 빠른 시간 안에 대답을 듣고 싶네만."

냅킨으로 재빨리 입가를 닦으며 홍 대리가 말했다.

"진작 가부를 말씀드렸어야 하는데 시간을 지체해서 죄송합니다. 실은 회사에 보고를 올렸는데 금액이 너무 과하다며 난색을 표하고 있습니다. 죄송한 말씀이지만 기부 금액을 조금만 낮출 수는 없을까요?"

"으음……."

침묵 속에 시간이 더디게 흘러가고 있었다. 김 과장은 여러 정황들을 따져가며 계산을 다시 해 보는 것인지 테이블에 손가락으로 뭔가를 쓰는 시늉을 하기도 하고 턱을 쓰다듬기도 했다. 그러다 마침내 김 과장이 입을 열었다.

"그럼 한 팔천만 원 정도면 어떻겠나?"

"팔천이오?"

"그래, 그 정도면 협상이 가능할 것도 같은데 말이야."

홍 대리가 김 과장을 향해 다시금 깊숙이 머리를 숙였다.

"그렇게까지 말씀해주시니 감사합니다, 과장님. 윗분들과 다시 상의한 후, 최대한 빠른 시간 안에 결과를 말씀드리도록 하겠습니다."

"음, 그렇게 하지."

이렇게 해서 홍 대리는 일억 원이라는 첫 제안을 허무는 데 성공했다. 백 이사의 말에 의하면 누구나 첫 제안에 집착하기 마련이라고 했다. 그래서 상대가 불쾌함을 느끼지 않는 선에서 먼저 이 경직된 요구 조건을 완화시키는 게 중요하다. 단단한 감자의 껍질을 벗겼을 때 드러난 속살은 껍질보단 훨씬 부드럽다.

무엇보다 이 과정에서 상대의 자존심을 상하게 하지 않는 게 중요했다. 김 과장의 접시에 요리를 덜어주며 홍 대리가 시종 미소를 잃지 않은 이유다.

매력적인 대안을 준비하라

급히 회사로 돌아온 홍 대리는 백 이사에게 달려갔다. 백 이사와 마주 앉자마자 홍 대리가 물었다.

"이사님, 기부금 대신 우리가 우진대학 심장연구소를 위해 해줄 수 있는 일이 뭐가 있을까요?"

한동안 가만히 그의 얼굴을 보던 백 이사가 천천히 자리에서 일어섰다. 그리고 손수 냉커피를 한 잔 타서 돌아왔다.

"홍 대리, 일단 이거 마시면서 숨을 좀 돌리도록 하지."

"아, 예. 감사합니다."

시원한 커피로 갈증을 달래는 홍 대리를 보며 백 이사가 빙그레 웃었다.

"아무리 급하다고 해도 실을 바늘허리에 매어 쓸 수는 없는 법일세."

"예?"

"자네 마음이 지금 얼마나 다급할지는 충분히 알아. 이번 협상에 병원영업부에서의 입지가 달려 있으니 오죽하겠나? 하지만 상황이 급할수록 마음만은 호수처럼 고요해야 하네. 왜냐하면 대부분의 실수가 조급함에서 나오거든."

백 이사의 얼굴에선 홍 대리에 대한 걱정이 물씬 묻어나고 있었다. 새삼 고마운 마음에 홍 대리는 코끝이 시큰했다.

"무슨 말씀이신지 잘 알겠습니다. 이사님 말씀 유념하도록 하겠습니다."

흡족한 듯 고개를 끄덕이며 백 이사가 말을 이었다.

"우리가 지금 대신 줄 수 있는 것에 대해 물었지? 글쎄, 뭐가 있을까? 일단 생각나는 것이 심혈관계 신약 개발의 연구 성과를 공유하는 부분이군."

"연구 성과를 공유한다고요?"

"그래, 아무래도 대학 연구소보다는 전문 제약업체 연구소가 좀 더 체계적이지. 제약업체의 연구 성과를 공유할 수 있다면 대학으로서도 큰 도움이 될 게야. 물론 그전에 우리 신약개발부에서 허가를 해줘야 하겠지만."

"으음……."

가능성 있는 얘기라고 생각하며 홍 대리가 고개를 끄덕였다.

백 이사의 방을 나온 홍 대리는 신약개발부로 향했다. 그리고 개발팀장을 만나 소상히 사정을 설명했다. 개발팀장은 홍 대리의 입장을 이해하면서도 망설이는 눈치였다. 회사 기밀이 유출될 수도 있으니 당연한 반응이었다.

"물론 우진대학과 연구 성과를 공유하면 기밀이 샐 수도 있습니다. 하지만 이 부분은 대학 측에 문서로 약속을 받으면 해결됩니다. 그리고 국내 유수의 우진대학 연구진과 우리 연구원들 간의 스터디 모임을 결성하는 등 공동 연구를 진행한다면 궁극적으로 회사에도 도움이 된다고 생각합니다."

홍 대리의 말을 듣고 보니 일방적으로 주기만 하는 거래는 아닌 듯싶었다. 심사숙고하던 팀장도 결국은 긍정적인 답변을 내놓았다.

"그렇다면 개발 담당 이사님께 보고를 드려볼 테니 잠시만 시간을 주세요."

"사실 경쟁사인 미라클제약에도 똑같은 제안이 갔기 때문에 시간이 별로 없거든요. 최대한 빠른 시간 안에 답변을 들었으면 합니다."

개발팀장은 이튿날 바로 답변을 주었다. 개발 담당 이사로부터 다행히 오케이 사인이 떨어졌다는 것이다.

'이제 됐어……!'

홍 대리는 내심 쾌재를 불렀다. 뜨거운 감자를 잡을 장갑, 즉 대안이 마련됐기 때문이다. 상대의 요구를 도저히 받아들일 수 없을 때는 이처럼 대안을 마련해 역제안을 해야 한다. 협상 과정에서 일어나는 제안과 역제안의 어우러짐을 춤에 비유해 네고시에이션 댄스라고 말하기도 하는데 그야말로 딱 어울리는 표현이 아닐 수 없다.

두툼한 장갑을 준비하자마자 홍 대리는 우진대학병원으로 달려갔다. 한낮의 햇살이 환하게 비추는 과장실에서 홍 대리는 다시 김치독 과장과 마주 앉았다.

이제 곧 협상의 성패가 판가름 난다고 생각하니 가슴이 자꾸만 두근거렸다. 그는 최대한 침착하려고 노력했다. 백 이사의 말처럼 조급한 마음으론 만족스러운 협상 결과를 이끌어낼 수 없기 때문이다.

한동안 조용히 홍 대리의 얼굴을 응시하던 김 과장이 먼저 입을 열었다.

"그래, 결과는 나왔나?"

홍 대리가 김 과장 앞으로 A4 용지 서너 장 분량의 계산 자료를 내밀었다. 지난밤을 하얗게 새며 만든 자료였다.

숫자가 빽빽이 적힌 자료를 들여다보며 김 과장이 물었다.

"이 숫자들은 어떤 의미인가?"

"저희가 우진대학 심장연구소에 일 년에 일억 원을 기부했을 경우, 과연 얼마의 이익을 낼 수 있을지 면밀히 계산을 해

봤습니다."

"흐음, 그런가?"

김 과장의 기분이 상하지 않도록 조심하며 홍 대리가 계속 설명했다.

"자료를 보면 아시겠지만 저희가 우진대학병원에서 신약 처방으로 얻을 수 있는 이익이 연간 오억 원 정도로 예상됩니다. 여기에 신약 개발비, 인건비, 영업비 등을 제하고 나면 약 일억 정도의 순익이 발생합니다. 이 중에서 팔천만 원을 연구소에 기부하고 나면 실질적으로 남는 게 없습니다."

"으음……."

신음을 흘리며 골똘히 생각에 잠겼던 김 과장이 한참만에 입을 열었다.

"자료를 보니 자네의 말에도 일리가 있군. 그렇다면 얼마나 기부가 가능하겠는가?"

"제가 여러 데이터를 종합해 뽑은 금액이 약 이천삼백오십만 원 정도입니다."

십만 원 단위까지 금액을 제시한 것은 그만큼 고심 끝에 산출한 금액임을 알리기 위해서였다. 이런 홍 대리의 노력이 효과를 봤는지 다행히 김 과장의 얼굴에서 불쾌한 기색은 찾아볼 수 없었다. 그래도 홍 대리는 최대한 미안한 표정을 지었다. 처음 제시받은 금액과는 너무 차이가 났던 것이다.

"홍 대리가 노력한 건 알겠는데 그래도 금액 차이가 너무 심하군."

예상했던 대로 김 과장이 난색을 표하자, 홍 대리는 재빨리 며칠 동안 준비한 대안을 제시했다.

"그럼 이렇게 하면 어떻겠습니까, 과장님?"

"뭘 어떻게 한단 말인가?"

"저희 회사가 우진대학 심장연구소에 다른 방법으로 지원을 하는 겁니다. 일단 저희 회사의 심혈관계 신약 관련 연구 성과를 우진대학과 공유하겠습니다. 또한 저희 연구진과 대학 연구원들 간의 스터디 모임을 결성해서 성과를 높이는 겁니다. 이러면 부족한 금액 이상의 효과를 거둘 수 있지 않을까요?"

김 과장이 다시 생각에 잠겼다. 턱을 어루만지며 고민하는 그를 홍 대리는 애써 태연을 유지하며 지켜보았다. 이제 자신의 패는 모두 던졌고, 협상의 성패는 오직 김 과장의 선택에 달린 셈이었다.

"자네의 제안은 분명 매력적이야. 그런데 실은 미라클제약의 나잘난 대리가 이미 내가 처음 제안했던 조건을 받아들이겠다고 연락을 해왔다네. 가능한 한 나는 홍 대리 회사의 약품을 쓰고 싶었지만 금액이 너무 차이가 나니 다른 위원들을 설득할 명분이 없군."

나 대리의 이름이 나오자 머리가 떵해지는 것 같았다. 아주 짧은 순간, 홍 대리는 자신의 판단이 틀린 것은 아닌지 회의가 들었다. 지금이라도 일 년의 일억의 제안을 받을 테니 우리 회사의 신약을 랜딩시켜달라고 말하고 싶었다. 성난 양 부장의 얼굴과 실망 가득한 도해의 얼굴이 빠르게 눈앞을 스치고 지나갔다.

'참자. 꾹 눌러 참아야만 한다.'

뜨거운 감자를 무작정 집어삼키면 결국 입천장만 데고 도로 뱉을 수밖에 없다고 생각하며 홍 대리는 약해지려는 마음을 간신히 다잡았다. 결코 쉬운 선택은 아니었다.

실패해도 웃으며 돌아서라

홍 대리의 굳은 얼굴을 김 과장이 가만히 지켜보았다. 이번 신약 랜딩을 위해 홍 대리가 얼마나 많은 노력을 기울였는지 그도 잘 알고 있었다. 그래서 지금이라도 마음을 바꾼다면 기왕이면 그의 손을 들어주고 싶었다.

잠시 후, 혼자만의 생각에서 깨어난 홍 대리가 싱긋 웃으며 말했다.

"그동안 정말 감사했습니다, 과장님. 제게 큰 기회를 마련해 주셨는데 그 기회를 살리지 못해 죄송하게 생각합니다. 앞으로 더 열심히 해서 다시는 과장님을 실망시켜 드리는 일이 없도록 하겠습니다."

머리를 깊숙이 숙이는 홍 대리를 보며 김 과장은 '이 친구가 정말 많이 달라졌구나' 하고 생각했다. 그는 만면에 미소를 머금은 채 젊은 MR을 위로했다.

"아닐세. 이번 기회에 나도 자네를 다시 보게 됐다네. 이번엔 결과가 좋지 않았지만 앞으로 우리가 볼 날이 하루 이틀이 아니지 않은가. 더 좋은 일이 많을 걸세."

김 과장의 방을 나설 때까지 홍 대리는 시종 웃음을 잃지 않았다. 이번이 마지막이 아니고 언제든 다른 기회가 있을 것이기에 그렇게 할 수 있었다. 백 이사가 가르쳐준 5단계 대처법 중 마지막 다섯 번째가 가장 힘든 것 같았다.

밖으로 나오자 거리에는 마지막 더위가 기승을 부리는 중이었다. 홍 대리는 전철역으로 들어가지 않고 잠시 걷기로 했다. 온몸이 금방 땀에 젖었다. 솔직히 착잡한 기분이었다. 어차피 모든 평가는 결과를 중심으로 이루어진다. 자신은 실패했고, 나 대리는 성공했다. 그것이 냉혹한 현실이다.

"후우우."

홍 대리가 뜨거운 입김을 뱉어냈다.

"허풍선, 네가 하는 일이 다 그렇지, 뭐. 이제 어떻게 할 거야? 김 과장과의 협상이 성공했다는 자네 말만 믿고 영업이사님께 우진대학병원 DC는 걱정 없다고 보고를 올렸단 말이야."

이튿날 아침, 양 부장의 책상 앞에 선 홍 대리는 고개를 숙일 수밖에 없었다.

"면목이 없습니다."

"꼴도 보기 싫으니까 썩 나가!"

잔뜩 풀이 죽어 양 부장의 방을 나서는 홍 대리에게 팀원들의 시선이 일제히 꽂혔다.

'홍 대리가 실패한 모양이군.'

'쯧쯧, 성공했다고 큰소리를 뻥뻥 치더니만.'

'저 친구는 그놈의 허풍이 문제야.'

하나같이 자신을 비웃는 것만 같아 쥐구멍에라도 숨고 싶은 심정이었다. 여전히 신뢰가 담긴 미소를 보내는 도해만이 위안이 되었다.

'그래, 잘한 일이야.'

도해의 미소에 힘을 얻은 홍 대리는 후회하지 말자고 다짐했다. 일억이라는 조건을 받아들였다면 협상은 나 대리가 아닌 홍 대리의 승리로 끝났으리라. 하지만 두고두고 MR로서 양심에 걸릴 일이었다.

– 부우우

그의 핸드폰이 요란하게 진동한 것은 바로 그때였다. 액정화면에 떠오른 이름을 확인해 보니 놀랍게도 김치독 과장이었다.

홍 대리가 공손하게 전화를 받았다.

"안녕하십니까, 과장님?"

김 과장의 목소리는 다급했다.

"홍 대리, 지금 당장 여기로 와줄 수 있겠는가?"

"예, 그런데 무슨 일 때문에 그렇게 급하신지……?"

"허어, 나 대리 이 친구가 사고를 쳤어. 내가 말한 조건을 무조건 받아들이겠다고 자신만만하게 말하더니, 오늘 아침에서야 자기네 사장이 노발대발한다면서 없었던 일로 하자는 게야. 사람을 놀려도 유분수지."

노기를 참지 못해 씩씩대는 김 과장의 목소리를 들으며 홍 대리는 나 대리가 다급한 마음에 무작정 협상을 진행시켰음을 알았다. 역시 덩치 큰 회사라 해도 일 년에 일억은 무리였던 것이다.

김 과장이 쐐기를 박듯이 말했다.

"오늘 아예 결정을 내릴 테니 자네가 말했던 계약 조건 정리해서 오도록 하게."

"알겠습니다. 지금 바로 출발하겠습니다, 과장님."

서둘러 우진대학병원으로 달려간 홍 대리는 김 과장과 함께 세부적인 내용까지 일일이 검토했다. 그리고 협상을 성공리에 마무리 지었다.

사무실로 돌아온 홍 대리가 양 부장에게 협상 내용을 알리고, 경영진에게 보고해서 결재를 받아줄 것을 요청했다. 심각하게 보고서를 읽던 양 부장이 놀란 눈으로 홍 대리를 보았다.

"김 과장이 요구했던 액수의 삼분의 일도 안 되는 조건으로 협상을 성공시켰단 말이지? 정말 대단해."

"대신 우리 신약개발부와 우진대학 심장연구소가 연구 성과를 공유한다는 부분이 포함됐습니다."

"그거야 우리로서도 손해 볼 것 없는 조건이 아닌가? 홍 대리, 정말 대단해. 이제부터 자넬 다시 봐야겠어, 허허허."

유쾌하게 웃으며 일어선 양 부장이 홍 대리의 어깨에 팔을 두르고 사무실로 데리고 나갔다. 그리고 모든 팀원이 지켜보는 앞에서 홍 대리가 얼마나 대단한 성공을 거두었는지를 흥분해서 설명했다.

"실은 내가 홍 대리 이 친구를 쭉 지켜봐왔거든. 언젠가 MR로 대성할 줄 알았지, 껄껄."

연신 홍 대리의 어깨를 두드리며 호방하게 웃는 양 부장을 향해 도해가 뼈 있는 한마디를 던졌다.

"에이, 솔직히 부장님은 홍 대리님을 못 잡아먹어서 안달이셨잖아요."

"내, 내가 언제? 홍 대리의 오늘이 있기까지 나의 채찍질이 한몫 단단히 했다는 걸 알아야지."

양 부장이 얼굴까지 벌게져서 항변하자 사무실 전체가 웃음

바다가 되었다.

"하하하."

"호호호."

팀원들이 모두 일어나 그를 축하해주었다. 특히 그 어느 때보다 밝게 웃는 도해의 얼굴에 홍 대리는 마음이 뿌듯했다.

때마침 방문을 열고 들어온 백 이사가 떠들썩한 직원들에게 둘러싸인 홍 대리를 보고 협상이 무사히 끝났음을 알아차렸다. 반전에 반전을 거듭했던 이 드라마틱한 협상 테이블에서 마지막 승리는 홍 대리에게 돌아갔다. 자신을 향해 신뢰 어린 미소를 보내는 백 이사를 향해 홍 대리가 머리를 깊숙이 숙였다. 누가 뭐래도 인간 홍풍호를 협상 전문가로 거듭나게 해준 멘토는 바로 백기찬 이사였던 것이다.

1. 협상이 위기에 처했을 때 5단계 대처법

① 계속할 가치가 있는지 따져라

원하는 것을 얻기 위해 치러야 할 대가를 따져 협상을 계속할지 여부를 판단한다.

② 뜨거운 감자는 식혀라

이해가 엇갈려 교착 상태에 빠졌을 때는 잠시 소통을 끊고 냉정하게 상황을 살핀다.

③ 상대의 첫 제안을 허물어라

상대가 불쾌함을 느끼지 않을 만한 수준에서 요구 조건을 완화시킨다.

④ 대안을 준비하라

상대방의 요구를 받아들이기가 어려울 경우 그에 상응할 만한 다른 조건을 마련한다.

⑤ 실패해도 웃으며 돌아서라

결국 협상이 결렬되더라도 다음 기회를 위해 우호적인 관계를 유지해야 한다.

협상력이 인생을 바꾼다

김 과장과의 협상 성공 이후 영업에 자신감이 붙은 홍 대리는 실적이 쑥쑥 올랐다. 스스로 생각해도 협상을 알기 전과 알고 난 이후의 자신은 완전히 다른 사람이었다. 뭐랄까, 어깻죽지를 뚫고 희고 눈부신 날개 한 쌍이 돋아난 기분이었다. 남들은 달리는데 자신은 날개를 펴고 훨훨 날아다니니 실적이 남다를 수밖에 없었다.

계절이 가을로 바뀌면서 홍 대리는 더욱 분주해졌다. 꿈에도 그리던 도해와의 결혼식을 앞두고 있었기 때문이다. 그런데 결혼 날짜가 다가올수록 이상하게 다투는 일이 많아졌다. 예식장 문제, 신혼여행 문제, 가구 하나를 들여놓는 문제까지 사사건건 충돌의 연속이었다. 하지만 홍 대리는 우리의 모든 생활이 협상의 연속이라는 원칙하에 도해와 대화를 통해 하나씩 하나씩 현명하게 해결해나갔다.

하지만 한 가지 쉽게 해결되지 않는 문제가 있었다. 알고 보니 도해네는 대대로 천주교 집안이었다. 당연히 도해와 가족들은 성당에서 조용한 결혼식을 올리길 원했다. 그런데 홍 대리의 어머니는 하나뿐인 아들의 결혼식만은 일가친척이 모두 모여 떠들썩하게 잔치를 치르고 싶어했다. 물론 홍 대리가 부탁한다면 어머니는 아들의 입장을 생각해 양보할 분이셨다. 하지만 평생 아들에게 양보만 해오신 당신이므로 이번만은 바람을 이뤄드리고 싶었다.

"풍호 씨, 정말 너무한다. 신혼집도 그렇고, 신혼여행도 그렇고 내가 다 양보했는데 성당에서 결혼식을 올리자는 부탁 하나 못 들어줘? 우리 가족들의 입장도 있으니 이 문제만은 풍호 씨가 양보해주라."

"……."

한동안 말없이 도해의 얼굴을 바라보던 홍 대리가 부드러운 목소리로 입을 열었다.

"물론 도해와 가족들에게는 정말 고맙게 생각하고 있어. 하지만 솔직히 우리 어머니의 마음을 아프게 해드리고 싶지 않아. 그래서 말인데, 차라리 전통혼례식을 올리면 어떨까?"

도해가 난데없이 무슨 소리냐는 표정을 지었다.

"전통혼례라고?"

"요즘에는 젊은 사람들도 판에 박힌 예식보다는 전통혼례를 선호한다고 하더라고. 무엇보다 도해네 가족도, 우리 어머니도 만족시킬 수 있으니 좋은 일 아닐까? 어차피 협상이란 이견을 가진 양측의 접점을 찾는 과정이잖아. 어느 한쪽의 손을 들어 주기보다는 조금 아쉽더라도 양쪽 다 손해를 보지 않는 게 중요하다고 생각해."

"으이그, 협상 전문가가 되더니 결혼까지 협상처럼 하려고 드네."

"내가 괜히 협상 전문가겠니? 대신 앞으로는 이 눈부신 협상력으로 도해 너를 세상에서 가장 행복한 여자로 만들어줄 테니 기대하시라."

도해가 졌다는 듯이 손을 흔들며 말했다.

"내가 협상 전문가 홍 대리님을 이길 수 있겠어? 알았어, 전통혼례로 해."

"고맙다, 도해야!"

"꺄악!"

홍 대리가 테이블을 넘어 도해를 와락 끌어안자 놀란 그녀가 비명을 질렀다.

얼마 후, 마침내 홍 대리와 도해의 결혼식이 열렸다. 친척과 친구들은 물론 양 부장과 팀원들도 모두 참석했다. 주례는 특별히 서광약품 사장님이 맡았다. 들리는 소문으로는 이번 우진 대학병원과의 협상 과정을 눈여겨본 사장님과 경영진이 홍 대리를 곧 과장으로 승진시킬 거라고 했다.

떨리는 가슴으로 눈부시게 아름다운 신부의 손을 잡고 행진하던 홍 대리의 눈에 객석에 앉아 자신을 향해 엄지손가락을 세운 백 이사의 모습이 들어왔다. 홍 대리도 씨익 웃으며 슬쩍 엄지를 세웠다. 그 잠깐 순간에 홍 대리는 백 이사와의 첫 만남 때 느꼈던 전류가 또 한 번 온몸을 타고 흐르는 걸 느꼈다. 이처럼 자기를 지켜봐주고 중요한 고비마다 손을 잡아 일으켜주는 따뜻한 지원군이 있다는 사실에 가슴이 벅차올랐다.

"잊지 말게, 홍 대리. 세상에 협상이 불가능한 일은 없다네."

왠지 백 이사가 자신을 향해 그렇게 말하고 있는 것 같았다.

멘토의 가르침을 평생 잊지 않겠노라 결심하며 도해의 손을 더욱 힘주어 잡는 홍 대리었다.

스토리텔링 구성

박승현

북스(VOOXS) 출판사『메이플스토리 영어소환마법서』를 시작으로 대성학원&웅진출판사『만
만교과서』, 시공사『시공 만화 디스커버리』, 김영사『논리탐정단 오류를 밝혀라』, 대교출판사
『우당탕탕 과학습격사건』, 과학창의재단『악동클럽 지구를 지켜라』 등의 시나리오 집필. 현재
북스 출판사에서『조선의 마지막 국모 윤황후』집필 중.

절절매지 않고 당당하게 원하는 것을 얻는 기술

협상 천재가 된 홍대리

초판 1쇄 발행 2010년 1월 10일
초판 15쇄 발행 2021년 7월 13일

지은이 김성형
펴낸이 김선식

경영총괄 김은영
콘텐츠사업본부장 임보윤
콘텐츠사업1팀장 한다혜 **콘텐츠사업1팀** 윤유정, 성기병, 문주연, 김세라
편집관리팀 조세현, 백설희 **저작권팀** 한승빈, 이슬, 윤제희
마케팅본부장 권장규 **마케팅2팀** 이고은
미디어홍보본부장 정명찬 **영상디자인파트** 송현석, 박장미, 김은지, 이소영
브랜드관리팀 안지혜, 오수미, 문윤정, 이예주 **지식교양팀** 이수인, 염아라, 김혜원, 석찬미, 백지은
크리에이티브팀 임유나, 박지수, 변승주, 김화정, 장세진 **뉴미디어팀** 김민정, 이지은, 홍수경, 서가을
재무관리팀 하미선, 윤이경, 김재경, 이보람, 임혜정
인사총무팀 강미숙, 김혜진, 지석배, 박예찬, 황종원
제작관리팀 이소현, 최완규, 이지우, 김소영, 김진경, 양지환
물류관리팀 김형기, 김선진, 한유현, 전태환, 전태연, 양문현, 최창우
외부스태프 스토리텔링 구성 박승현, 일러스트 유남영, 외주 편집 공순례

펴낸곳 다산북스 **출판등록** 2005년 12월 23일 제313-2005-00277호
주소 경기도 파주시 회동길 490
전화 02-704-1724 **팩스** 02-703-2219 **이메일** dasanbooks@dasanbooks.com
홈페이지 www.dasan.group **블로그** blog.naver.com/dasan_books
종이 (주)북토리 **출력·인쇄** (주)북토리 **코팅 및 후가공** (주)북토리 **제본** (주)북토리

ISBN 978-89-6370-467-8 03320

다산북스(DASANBOOKS)는 독자 여러분의 책에 관한 아이디어와 원고 투고를 기쁜 마음으로 기다리고 있습니다.
책 출간을 원하는 아이디어가 있으신 분은 다산북스 홈페이지 '투고원고'란으로 간단한 개요와 취지, 연락처 등을 보내주세요.
머뭇거리지 말고 문을 두드리세요.